産経NF文庫
ノンフィクション

海軍大将米内光政覚書

太平洋戦争終結の真相

高木惣吉写　実松譲編

潮書房光人新社

編者のことば

私の手許に一つのぶ厚い綴りがある。その巻頭に、「この資料は拙著『米内光政』（昭和四十一年九月刊行）の改版にあたり、元海軍少将高木惣吉より借用して写したものである。昭和四十五年十月」と、私はしるしている。

この綴りは、高木さんが米内さんから借りて写した「米内光政手記」をはじめ、米内さんの口述を高木さんが筆記した「米内口述覚書」や終戦時における「高木メモ」など、きわめて貴重な資料である。

いま、米内さんの手記と口述覚をくりかえし読むとき、在りし日の帝国海軍最後の歴史がありありと思い出され、その歴史の舞台で主人公として〝お国のため〟に献身するメーキャップしていない名優・米内光政に接するような気がする。すなわち、あの国家の前途を案じてやまない憂国の至情と、広い視野に立つ客観的な国際情勢の判断から三国同盟の締結に反対しつづけた米内、鈴木終戦内閣の重鎮として望みなき戦争を終結し、その継続による塗炭の苦しみから国民を救うための講和を説く不動の信念に徹した米内の素顔が、これら手記と口述覚の行間ににじみ出ているように感じられる。

米内光政の手記や口述覚は、断片的にはいろいろな本に引用されている。この小冊子では、米内が〝葬儀委員長〟として万斛の血涙を胸にひめ、静かにその最後を見送った日本海軍が昨年末に〝三十三回忌〟をむかえたのを機会に、これらを一括して上梓し後世にのこすこととした。これを快諾してくださった米内の令嗣剛氏と高木惣吉氏に対し深甚な謝意を表する。

なお、米内光政をよく知らない読者のために、かれの小伝を付記しておいた。

昭和五十三年四月二十日　米内光政の命日に

実松　譲

海軍大将米内光政覚書——目次

米内光政手記

対支政策について……13
日支事変拡大の序幕……18
門外不出の日記の一節……29
張鼓峰事件の回顧……33
挿　話……39
日独防共協定強化問題……42
五相会議摘録……52
三国条約締結に関する関係資料……59
三国条約締結当時の内外情勢……59
三国条約締結にいたるまでの経緯……63
三国条約締結に対する海軍の態度……66
東条内閣成立時の重臣会議……70
最高戦争指導会議（二〇・六・二二）……84
最高戦争指導会議（二〇・七・一〇）……91
最高戦争指導会議（二〇・七・一四）……94
最高戦争指導会議（二〇・七・二〇）……97
御前会議における天皇御発言要旨……100
東京裁判関係……102
米内光政口供書……102
原告米国等対被告荒木貞夫等　供述書……106
小磯国昭の米内光政あて書簡……110
口供書の部分的説明の覚……113
三国同盟反対の理由……116
米内内閣倒壊の事情……117

米内海相口述覚書

米内大臣内話（二〇・四・七）……123
二〇・五・一四　大臣室……125
米内海軍大臣内意（二〇・五・一七）……130
米内海軍大臣談（二〇・五・二二）……131
米内大臣談（二〇・五・三一）……135
対ソ（英）交渉案に対する海軍大臣の意見……139
六月六日の最高戦争指導会議次第……139
米内大臣口述（二〇・六・一四）……143
米内大臣直話（二〇・六・二三）……151
余　談……157
米内海相との面談要旨（二〇・六・二五）……159
米内大臣直話（二〇・七・九）……160
米内海相直話（二〇・七・一二）……164
米内海相述懐（二〇・七・二六）……166
米内海相所見（二〇・七・二八）……167
米内海相直話（二〇・八・八）……170
米内海相直話（二〇・八・一二）……174
米内海相意見（二〇・九・二六）……180
米内海軍大臣談（二〇・一一・二）……183

補　遺

小磯内閣組閣の思い出……191
最高戦争指導会議と終戦……199

付記　米内光政小伝……235

海軍大将米内光政覚書

――太平洋戦争終結の真相

米内光政手記

対支政策について（昭和八年七月二十四日　記）

支那《シナ》〔注、中国〕をまいらせるため、正面から、またはいわゆる謀略行使の結果として、武力をもって支那をたたきつけることを「強硬政策」というもののごとく、あるいは支那がいうことを聞かなければ頑強にいつまでも苦い顔をしてにらみつけてやることを「静観政策」と称するもののごとく、そのいずれも拙劣な政策であることは恐らく議論の余地がないところであろう。

支那をまいらせるためにたたきつけるということは、支那全土を征服して城下の盟をなさしめることだろうが、それは恐らく不可能のこととなるべし。支那のヴァイタル・ポイント〔注、急所〕は、いったいどこにあるのか。北京か南京か、広東ないしは漢口か長沙か重慶か成都か、このように詮議してくると恐らくヴァイタル・ポイントの存在が怪しくなってくるだろう（国の組織、国民の生存状態）。

つぎに日本の実力と国際関係から見て、支那本土に日本の実力をもって日本の意志どおりになし得る範囲はどうか。

支那のヴァイタル・ポイントということと日本の実力ということを考えるとき、われわれは満州だけですでに日本の手いっぱいであることと察する。このように考えれば、いわゆる強硬政策なるものが実際に即しない空威張りの政策であって、他の悪感をかう以外に一も得るところがないこととなる。

日本は過去において済南に、また、ちかくは満州に上海において武力を発揮して支那の心胆を寒からしめ、戦さをしてはとうてい日本にかなわぬという感じを支那の少なくとも要路の者にうえつけたはずである。支那の海軍が日本海軍を畏敬しておることはいうまでもなく、ただに軍事上だけにかぎらず、恐らくあらゆる点において日本が優位にあることは、だれが見ても考えても合点のゆくところと考えられる。

このように実力のある日本は、どうして支那に対しもっと大きな心と大国たるの襟度をもって対応できないのであるか。犬や猫の喧嘩でも、弱者は強者にたいし一目も二目もおき、けっして正面から頭をあげ得るものでない。喧嘩をしていないときでも、弱者のほうから強者のほうに接近をもとめるということは、なかなか困難なものである――たとえ接近しようとする意志がうごいても。これが、すなわち弱者の強者にたいする心理状態なのである。

優者をもって自認する日本が劣弱な支那にたいして握手の手をさしのべたところで、それはなにも日本のディグニティ（威厳）を損しプライド（自尊心）をきずつけるものだろうか。いつまでもこわい顔をして支那をにらみつけ、そして支那のほうから接近してくるのを待つということは、いかにも大人気のない仕業であり、むしろ識者の笑いをかうにすぎないものといわねばならない。

日本はよろしく、つまらない静観主義をさらりと捨て、大国としての襟度をもって積極的に支那をリードしてやることに努めるべきである。

つぎに満州問題とむすびつけて、日本の対支政策の要綱を論じてみよう。

　昭和八年九月二十五日

　九月二十一日の対支政策について

一、『サレバ支那全般トシテハ故《もと》ヨリ仮令《たとえ》一地方政権タリトモ其ノ非ヲ改メテ帝国ト提携セントスル態度ヲ採ルニ於テハ……』

たとえ一地方政権とは、現在において、いずれをさすや、また将来において、どのようなことを期待するのか。

一、『北支（北京）政権ニ対シ……』

北支政権とは、なにを意味するのか。現在、華北は南京（中央）政権と対立すると考えるのか。

一、『漸次事実上中央政権ノ政令外ニ立チ……』

山東、山西、北支を合作して中央政権と対立させることができると信ずるのか。また、中央政権の政令外に立たせるため、日本はこれをどのように指導しようというのか。

一、『復活』の意味は不明である。

一、『右情勢ヲ漸次中南支ニ波及拡大セシムルニ力ム』

中央政権を駆逐する意味であるか、中央政権を合作させる意なのか。駆逐と合作とは別物である。

一、対支方策

国民政府にたいしては、積極的に出るつもりなのか。その文句から察するところ、ただただ峻厳いっぽうなるやに思われる。㈢は具体的には、如何なることを期待するのか。

一、『四ノ二　更ニ積極的方策』とは事実上どういうことを想定し、如何なる方策をとろうとするのか。

これを要するに、陸軍あたりに引きずられて、海軍もそれでよいと思って居るのか。

〔編者注〕　米内がこの手記をしたためたのは、第三艦隊司令長官のときである。その前々年には満州事変がはじまり、前年には五・一五事件がおこり、その年の春には日本は国際連盟から脱退するなど、わが国をめぐる内外の情勢はまことに多事多難であった。この記述は、米内が第一遣外艦隊司令官（昭和三年十二月十日より昭和五年十一月三十日）および第三艦隊司令長官（昭和七年十二月一日より昭和八年十一月十四日）として中国方面勤務中、したしく見聞し研究したことなどと、内外の諸情勢とを広い視野に立って客観的にあわせ考察した対中国政策の結論ともいうべきものであった。後年、海軍大臣としての米内光政は、この結論に基づいて、北京郊外の盧溝橋《ろこうきょう》に端を発した（昭和十二年七月七日）日華事変の局地解決につとめ、その不拡大に献身することとなる。

日支事変拡大の序幕

昭和十二年七月七日　盧溝橋事件突発す。

九日　閣議において陸軍大臣〔編者注、杉山元〕より種々意見を開陳して出兵を提議した。海軍大臣はこれに対し、なるべく事件を拡大せず、すみやかに局地的にこれが解決をはかるべきを主張した。

〔編者注〕これは、この日の朝の臨時閣議で、いち早く杉山陸相が内地から三個師団その他の派兵を提議したときの状況をのべたものである。米内は、内地からの派兵は全面戦争を誘発する危険があるので、その決定は、さらに事態が急迫してからにしたいと反対した。広田（弘毅）外相などの全閣僚が米内の所見に同意したので、陸相の提議は見おくられることとなった。

十一日五相会議において、陸軍大臣は具体案による出兵を提議した。五相会議においては、諸般の情勢を考量し、出兵に同意しなかったが、陸軍大臣は五千五百名の天津軍と平津（北平・天津）地方におけるわが居留民を皆殺しにするに忍びずとして、たって出兵を懇請したるにより、渋々ながらこれに同意せり。しかして陸軍大臣は、出兵の声明だけでも、

(イ)　中国軍の謝罪

(ロ)　将来の保障

を確保できると思考したようである。

思うに、兵力の行使については慎重な考慮を必要とすべく、もし中国側においてわが正当な要求を容《い》れなかった場合、徹底的にこれを打倒することは大義名分に即《そく》するかもしれない。だが、和平の交渉と兵力の行使を同時にするようなことは、この際とるべき方途ではなかるべく、要は和平交渉を促進することを第一義とせねばならない。

陸軍大臣は出兵の声明だけをもって問題はただちに解決するものだと考えているようだが、海軍大臣（米内）は諸般の情勢を観察するとき、陸軍の出兵は全面的な対中国作戦の動機となるであろうことを懸念し、再三にわたって和平解決の促進を要望した。

（傍点編者）

華中（南）における対日動乱は「華北における禍根の波動にほかならない。昭和二年における山東出兵、昭和三年における済南事件、昭和六年における満州事変は、すべてその例である。もし今回の盧溝橋事件にたいし誤まった認識をもってその解決にあたったならば、事件が拡大することは火を見るよりも明らかである。そして、その余波は一ないし二ヵ月にして華中におよぶであろう。海軍大臣のもっとも懸念したのは、じつはこの点にあったのである。

近来、中国における抗日・侮日の熾烈なことは、だれでもこれを認めるところだ。ところで、その因《よつ》てきたるところを静思したならば、その非はひとり中国側にあるということができない。前述したようなことを考慮し、あくまで事件不拡大・現地解決を強調する。なお、動員後も派兵する必要がなくなったならば、ただちにこれを中止させることを希望した。そこで海軍大臣は陸軍大臣にたいし、動員後に派兵の必要がなくなったときは、これをどう処置するのか、さきの上海事変における第十四師団の例もあり、このたびはこうしたことを繰り返すことがないよう確かめたところ、陸軍大臣はそうしたことは絶対にしないと言明した。

〔編者注〕こうして十一日の五相会議は、不拡大方針の維持と、動員後でも、派兵の必要がなくなったときには、派兵をとりやめることを条件にして、陸軍の提案を承認する。

以上のようにして決定された動員兵力は、すくなくとも五個師団ということであったが、差当たりは三個師団（第五、第六、第十師団にして、うち第五、第六師団は急派準備中のもの）に動員を下令することとなった。

陸軍大臣の提案のなかには、つぎの一節がある。

「……軍はいま関東軍および朝鮮軍において準備中である部隊（混成約三旅団その他の所要の部隊）をもって、すみやかに支那派遣軍を増援するとともに、内地より少なくとも五個師団その他の所要の部隊を動員して華北に急派する必要がある。……」

右のごとくにして出兵のことが閣議で決定されたので、政府はただちに声明〔編者注、華北の治安維持のため派兵〕を発表して派兵の趣旨を明らかにした。

これよりさき、北支駐屯軍司令官は、中国の第二十九軍責任者にたいして現地解決を提議しつつあった。七月十一日午後十時ごろ、陸軍大臣は五相会議において、「本日（十一日）午後、北平（北京）における日支折衝にたいして、わが駐屯軍参謀長は折衝に見切りをつけ飛行機にて天津に帰ろうとしたところ、支那代表は追いかけて来たり、わがほうの要求全部を承認するにいたった」

と報告した。

そこで海軍大臣は、もし事件が和平裡に解決したならば、本日の閣議において決定された出兵はどのように取扱われるかと質問したところ、陸軍大臣は、関東軍はすでに動員を下令しており、朝鮮軍は明朝（十二日）動員下令の予定である。内地部隊の動員は見合わすこととなり、中国側において、もしわが要求を文書をもって受諾したならば、全員を復員させてもよろしいと答えた。

七月十三日　七月十一日午後八時に調印をおわった北支（華北）交渉事項は、本朝以来、中国側において着々として実行しつつあると外務省に電報がはいっていた。にもかかわらず、参謀本部においては、この交渉を破棄して新たに行動をはじめようとする（陸軍省ではこれに反対であるといわれる）との聞き込みがあった。そこで海軍大臣は外務大臣にたいして、陸軍大臣を督励し叙上のような誤りがないようにすることを要請したるが、外務大臣は後にいたり、陸軍大臣はよくこれを了承したと答えた。

〔編者注〕そのころの陸軍は、統制がとれていなかった。盧溝橋事件の処理について、陸軍中央部でも、事件の拡大派と不拡大派がするどく対立して、たがいにシノギをけずっていた。国家の大局的な見地に立って、陸軍の適切な意志を決定すべき責任のある首脳部は、おおむね中立的な態度をとり、どちらかといえば、大局を誤らないように決裁するのではなくて勢いの強いほうに味方する。そして、中佐級以下の中堅将校の大部分は、プロ拡大派であった。

同日（七月十三日）の閣議において、陸軍大臣はこう報告した。

「中国側はわが要求を容れて調印をおわったので、事件は表面上には一段落したかのようである。だが実際には、第三十七師の一部兵力は、ある時はわが前線部隊にたいして射撃し（わがほうは応射しなかった）、また西苑より八宝山にむかった中国軍は、わが部隊の付近に集中しつつある。さらに中国側の装甲列車は北進中であって、南京政府においてはいよいよ北進開戦に決し、英米にたいし援助を交渉中にして、さしあたり河南部隊をして逐次北進させつつありという情報もあるが、その真偽のほどは明らかでない。目下、わが軍の派遣中のものは、関東軍と朝鮮軍である。関東軍は十一日の夕刻から行動を開始し、その一部は北京に、一部は天津にはいった。朝鮮軍は十一日夕刻に動員を下令したので、目下編成中であろう。その後、詳しい報告はない。内地の師団には、まだ動員を下令していない。

内地部隊を動員することは、内外の各方面にたいして衝動を与えるだけでなく、中国をしてやむをえず対抗させるようになるだろう、と観測できないこともないので、動員はもっとも慎重に考慮しなければならない。じつは本日（十三日）動員の予定であったけれども、いましばらく現地の情勢をたしかめたうえ、実行されるはずである。……」

右にたいし外務大臣は、きのう先方の発意によってドイツ大使が来訪して、「南京政府は局面の拡大を避ける方針であるという情報を得ている」と語った。ただいま陸軍大臣がのべたような方針は、まことに適当であると思う。将来とも、その方針をもって努力されることを切望するといった。

〔編者注〕　しかし、じっさいには、陸軍の動員即行と静観論がするどく対立しており、それまでの状況では、内地より動員して出兵するための〝大義名分〟を見出すことができなかったので、かろうじて不拡大派の主張が通っていたにすぎなかったのである。

七月十五日夕刻、外務省は直接南京政府との交渉をもあわせ行なうことが適当であるとなし、つぎのような案を立てて海軍省の意見をもとめてきた。

一、七月十一日、わが軍と中国第二十九軍との間で成立した解決条件を、わが政府は承認する。

二、国民政府にたいして、軍事行動の即時停止を要求する。（右要求にあたっては、後記㈢の趣旨を国民政府に説明する）

三、国民政府において右㈡の要求を受諾する場合には、この上の派兵を中止するとともに増派部隊は前記㈠の条件の履行をまってすみやかに帰還させる。

四、右の次第を中外に声明する。

〔編者注〕この外務省案は、もちろん海軍省だけでなく陸軍省にもしめされていた。外務省としては、陸海軍両省の軍務局長の同意をとりつけていたので、十六日の閣議で承認をうけた後に、国民政府と交渉に入る予定にしていた。だが、これでは事変の局地解決となり、陸軍の拡大派が承知しないだろう。こうした間の事情を、米内手記はつぎのように説明している。

同日正午前後、陸軍省軍務局長（後宮淳《うしろくじゅん》）は外務省東亜局において、宋哲元、斎燮《さいしょう》元《げん》と橋本参謀長との会見の模様について意見をかわした。（宋哲元の代りに副軍長を、馮治安の処罰の代りに現地大隊長を、永定河左岸の三十七師を保安隊と交代させる代りに二十八師と交代させることなど、先方の希望があった）

右について意見をかわした結果、大局上から、このさい先方の提案を承認することが適当であるとの意見に一致した。ところが、後宮軍務局長はいったん陸軍省にかえり、しばらくして彼は外務省に電話をかけ、

「陸軍においては、すでに方針が決定していた。そこで、さきほどの話合いは、すべて水に流されたし」（傍点編者）

と申入れた。なお、中央軍の即時復帰を期限付き（七月十九日）にて要求してもらいたいといった。

〔編者注〕　あまりぶつぶつ言ったことのない米内が、このころ、五相会議から帰ってくると、

「五相会議なんか駄目だ。五相会議で、せっかくきめても、外務省と陸軍省の間でやっと話し合いがついても、あとから電話がかかってきて、『省に帰ってみたら、参謀本部の連中がみんな憤慨しており、陸軍の方針は、すでに決定している

ということなので、さきほどの話し合いは全部水に流していただきたい』というようじゃ、どうにもならない」

と山本（五十六）次官や近藤（泰一郎）先任副官をつかまえて、めずらしく愚痴をこぼしていた。この電話の意味するものは、後宮の無力よりも、より多く陸軍の下剋上を物語っているといえよう。

同日（七月十六日）午後八時ごろ、首相（近衛文麿）より海軍大臣に会見の申込みがあった。よって午後九時に、首相官邸を訪問した。首相はいう。

「将来の問題ではあるが、たとえ今回の問題が解決するにしても、あいついで同様の問題がおこらぬともかぎらない。そこで、今回の問題を解決すると同時に、根本的に対中国問題を解決するような談判をはじめてはどうかと思う。仄聞《そくぶん》するところでは、蔣介石は王寵恵など眼中においていないという。そこで広田外相らをわずらわして、じかに蔣と談判してはどうだろうか。いったい、外務省は問題を事務的にのみ見て、政治的に考えてはいないように思われる。華北は満州国の接壌地帯であるから、わが軍を駐屯させているわけである。だが、それよりも華北は経済開発の意味において、より重要であると考える。あなたは、どう思うか」

海相は、こう答えた。

「御意見は、ごもっともである。まず首相から、直接外相に話されたい。海相としては、裏面から外相を説得することがよろしいと思う。いずれにしても、事件はさしあたり局地解決を急がねばならない。そうでなければ、好むと好まざるとにかかわらず、事件は拡大する可能性がある。いったい、首相は陸軍のやり方を、どう考えておられるか。自分(米内)は、すこぶる憂慮にたえないものがある。きょう陸軍省軍務局長の外務省東亜局における行動のごときは、その例証とみるべきである。首相より陸軍大臣にたいし、なんとか注意を喚起するよう、考慮されることを切望してやまない」

首相は問う。

「陸軍省軍務局長の行動とは、どういうことか」

海相は、これについて説明する。

首相はいう。

「どうも陸軍のやり方は、こまったものですな」

海相はいう。

「外相をわずらわすにしても、先決問題は陸軍の態度をはっきりと一本立てにすることです。そうでなければ、いかに外相らを派遣しても効果は望まれない。この点、首相のじゅうぶんな考慮をわずらわしたいと思います」

午後十時すぎ会談をおわる。

以上をもって事変拡大の序幕とする。

〔編者注〕「どうも陸軍のやり方は、こまったものですな」という近衛発言は、第三者なら仕方がないかもしれない。だが、責任ある総理大臣としては、「こまった」陸軍をたしなめ、正常な陸軍にもどすよう努力すべきである。いたずらに批判ばかりしていて、身をもって国を救うという熱意に欠けていた近衛公であった。

門外不出の日記の一節（昭和十三年五月下旬）

昭和十三年一月十一日の御前会議において、支那事変処理の根本方針が決定される。

〔編者注〕　大本営・政府首脳による御前会議が決定した事変処理の根本方針は、国民政府が和を求めて来ない場合は、以後これを相手とせず、新政権の成立を助長することなどであった。

一月十五日　波瀾重畳の（政府・大本営）連絡会議において、蔣（介石）政権（じつは現中国中央政府）を相手にしないという方針がきまる。

○同日の連絡会議において、陸軍大臣（杉山元）と参謀次長（多田駿）との大衝突があった。その後、参謀次長は衝突について弁解した。

○参謀本部は、ドイツの斡旋について多大の期待をかけ、期限の延長を主張していた。連絡会議において決定されたのちでも、なお同様であった。

〔編者注〕　この「蔣介石を相手にせず」の声明が、その後の時局収拾をいよいよ困難にしたことは否めない。これを発表した当の近衛首相自身も『失はれし政治』の中で、その非を認めている。

「この声明は識者に指摘せらるるまでもなく非常な失敗であった。余自身深く失敗なりしことを認むるものである。……」

二月上旬（閑院）参謀総長宮が辞意をもらしたが、陸軍大臣の懇請によって思いとどまった。

四月十八日　陸軍大臣の言によれば、参謀総長宮には徐州作戦〔編者注、大本営の徐州作戦下命は四月七日〕終了後に勇退をお願いする、と。〔編者注、実際の勇退は昭和十五年十月〕

このころより、陸軍部内の内訌が頻繁であるという風説がつたえられる。総理は陸軍大臣を信用しておらず、その更迭を希望しておるなどの風説もまたさかんだ。（これは事実である）

陸軍大臣によれば、四月と五月に、参謀総長は三回にわたって陸軍大臣の辞職を勧告したが、その都度これを拒絶（その時機ではないとして）を言上した。

五月中旬　陸軍の内訌と総理の要望が妙にもつれてきた。これよりさき、総理は決して陸軍内訌の渦中に投じてはならず、また投じているような印象を与えるがごとき言動をつつしむよう人を介してしばしば進言をしておいた。

○　新大臣〔編者注、板垣征四郎〕内定までの経緯（略）

杉山の板垣観（略）

杉山は東条（英機）を信頼する。（次官任命はさき〔編者注、東条の次官補職は五月三十日〕、大臣任命はあと〔編者注、板垣の大臣就任は六月三日〕、これには相当な理由があるようだ）

〔編者注〕陸相に板垣、次官に東条が任命されるまでの経緯について、近衛文磨（当時の首相）の『失はれし政治』はいう。

「余の組閣匆々盧溝橋事件が勃発し、不拡大方針にもかかわらず戦禍はついに全北支から更に中支にまで拡大した。その間、陸軍の動向が全くあてにならず、陸相の言もつぎつぎに表裏するということで、甚だしく困難を感じつつあった際とて、対支政策の転換のため参謀本部の石原莞爾中将の不拡大方針を実行し得るものを陸相にする必要があった。それ故、特に余自身が陸軍にたいし、石原と思想的に連絡のある板垣征四郎大将を陸相として入閣せしむることを強硬に申入れた。ところが、その交換条件として梅津（注、美治郎次官）は板垣を陸相にするが、東条を次官とすることを要求し、とりあえず陸相の更迭を行ない得たのである。余は陸相の更迭を内閣自体の発意によって行なったことに当時はやや満足を覚え、近衛声明への途を進んだのである」

張鼓峰事件の回顧

〔編者注〕　支那派遣軍が全力をあげて漢口作戦の準備をすすめていた昭和十三年七月、この大作戦を牽制するような軍事衝突がソ連・満州国境の一角——張鼓峰という小丘陵——に勃発した。

張鼓峰は、豆満江が日本海にそそぐ近くにあって、朝鮮と満州とソ連の三領土が入りくんだ丘陵地帯の主峰である。高さは百四十九メートルにすぎないが、東はポゼット湾からウラジオストック方面への海域を見下ろし、西は満鮮鉄道を脚下にながめる枢要な高地である。だが、この付近は交通も不便な末端に位置していたので、日ソ両軍ともこれを重視していなかった。しかし、相手がそれを取ったのを見ると、急にその山が大きく見えてきたというのである。

七月十三日、朝鮮軍は指揮下の部隊から、十一日に約四十名のソ連兵が張鼓峰の山頂に侵入して陣地の構築をはじめた、という報告を受けた。

参謀本部は朝鮮軍の意見にそって、とりあえず外交交渉によりソ連軍の撤退を要求するとともに、万一の事態にそなえて、朝鮮軍の兵力を現地正面に集中するよう命令した。

ところが、参謀本部作戦課では、これを対ソ戦略の瀬踏みとして利用すべきだ、という説があらわれた。つまり、一度たたいてソ連の意図をさぐることは、日華事変の遂行上きわめて重要である。ソ連がこの機をとらえて本気で日本にあたるような気配があったら、この小さい峰を譲って、引き揚げてもよろしい。が、単に国境に拠点を得るだけの手出しであるなら、解決はいっそう容易である。とにかく、〝ソ連が出てきはしないか〟という不安が、中国での作戦を大いに牽制しているのだから、その本心を確かめるには無二の材料であるとみたのであった。

そこで作戦課長稲田正純大佐は、戦闘の拡大を懸念する参謀次長多田駿中将を説得して反撃作戦の計画をすすめた。

七月十六日の兵力集中の命令発出以来、参謀本部では積極論がしだいに高まった。こうして二十日、張鼓峰にたいする実力行使と、それにともなう動員について、天皇のお許しを願うこととなる。

昭和十三年七月十九日　参謀総長は、兵力の行使を決意し、陸軍大臣の同意を得たのち、首相と外相に同意をもとめた。

首相〔注、近衛文麿〕は意見を述べなかった。

外相〔注、宇垣一成〕はただちに同意しなかった。

準備だけならば差支えないだろうが、ただちに兵力を行使するようなことは不可である。しいてということならば、これを閣議にはからねばならない。……

右により、陸軍においては、さらに省部が協議した結果、あくる二十日の朝にいたり、即時の兵力行使案を撤回し、あらためて省部が協議して決定することとなる。

二十日　風見（章）書記官長が〔注、米内を〕来訪する。事件について、総理と密接な連絡をとることとする。午後四時、参謀総長と陸軍大臣が参内する。

〔編者注〕　この参内前「あらかじめ宇佐見侍従武官長を通じて、天皇から『もし武力行使を許せよとのことについてであるならば、自分は許さない考えであるからこなくてもよろしい……』という内意を伝えられたが、ともかく陸相だけの拝謁が許された。しかも天皇が板垣に関係大臣との連絡状況についてただされたのにたいして、陸相は、外相も海相も実力行使に同意していると答えたが、天皇の方はすでに両相および湯浅倉平・内大臣から反対意見を聞いていたため、柳条溝事件・盧溝橋事件以来の陸軍の『やり方』に言及し、『今後は朕の命令なくして一兵だも動かすことはならん』と語気強く陸相を叱責された……」(『太平洋戦争への道・4』)

二十一日　午前十一時、総理を訪問して意見を交換する。総理は同意。夕刻、外相が来訪し、おなじく意見を交換する。外相も同意であった。

二十六日　駐日ドイツ大使が外相を訪問する。たまたま張鼓峰問題にふれる。外相　局部的のものと思う。だから、急に大事になるとは考えていない。大使　それは結構です。いま日本は中国と事をかまえているので、第三国とはなるべく事をかまえない方針を得策と考える、とくりかえし申述べた。だが、事件の解決についてはふれなかったという。

八月二日　事件について閣議でさかんに論議される。

〔編者注〕当日の『木戸幸一日記』はいう。

十時、閣議に出席、張鼓峰事件、昨日来の朝鮮内蘇聯機爆撃等につき、陸相、外相より情況報告を聴取し、対策を協議し、一応左の如く決定す。

一、日ソ開戦を避くる為め、本事件は不拡大の方針を執る。

一、外交交渉に渉《（ママ）》し其の進行の次第によりては、張鼓峰の線より撤退するも差支なし。

羅津（朝鮮北部）における警急戦備下令手続中なりと。

三日　午前十一時、官邸に首相を訪問する。

（これよりさき十時ごろ、風見書記官長より電話をもって、事件解決について首相に進言するよう懇請してきた）

海軍大臣は、総理にたいして進言した。

「張鼓峰一帯において数日来のような交戦状態を継続する場合は、たとえ日ソ双方とも事件の拡大を望まないときでも、勢いのおもむくところ将来の事ははかり知ることができない。現在、わが国は対中国問題に没頭しているところ、さらにソ連と事をかまえるようなことは、とうてい忍びがたいところである。そこで、このさい国境問題についての論議は後日にゆずり、さしあたり双方がまず停戦して両軍を引離すこととし外交交渉をすすめることを得策とすべし」

総理はこれを諒とした。そこで総理より陸軍大臣に語るようすすめたが、かれは何を考えたのか、この席に陸軍大臣を呼びよせ海相より陸相を説得するよう希望した。ただちに陸相を総理官邸にまねき、海相より前述した要旨をのべて、その善処を要望した。

ところが、陸相は容易になっとくしない。対談すること一時間余、ようやく午後にいたって、どうやら納得したようであった。陸相は帰庁するや、いつものごとく会議をひらいて討議をかさねた結果、だいたい海相の意見に同意したらしい。こうして午後三時ごろ、陸相みずから海相に電話をもってつたえた。

「海相の意見どおり、この問題は外交交渉にうつすことに決定した」

その後、陸軍より外務省に交渉し、午後九時ごろ、外務大臣より重光（葵）駐ソ大使にたいして、第一回の訓電を発することとなった。

こうして、張鼓峰事件の解決は、その曙光を見出すこととなる。

〔編者注〕八月十日、「日本軍は十日夜十二時（沿海州時間）、現在の線から一キロ後退する」との条件で、十一日正午を期して日ソ両軍は停戦することになった。（『太平洋戦争への道・４』）

挿話

1

（七月二十八日の日記より）

㊄は見ぬという。㊅は㊄は見たという。㊄は怪しからぬというは、近来の宇垣にたいする陸軍の悪い感情の動きである。
（「見た」「見ぬ」というのは、七月十九日の陸軍の決心のことである）

〔編者注〕一、㊄は宇垣一成外相、㊅は板垣征四郎陸相をさす。二、この日記は昭和十三年のものと思われる。

㊅はちかごろ五相会議において、陸軍として予期しないものに同意し「決定」をもって帰るので困るというウワサは、ウワサでなくて事実である。

㊯が総理に辞意を申し出たことは事実である。総理が（天皇の）ご内意をうかがい㊯につたえたことも事実だ。辞職問題は、こんなところで有耶無耶となった。

（八月十四日の日記より）

2

A→Y

(イ) 陸軍部内に、板垣を辞めさせよという説と、

(ロ) 総理と板垣の単独会見のさい、総理は陸相の意見にあたかも同意したようなことを言いながら、五相会議においては陸相の言を全面的に反駁するのは、まことに怪しからない。㊯を辞めさせるなら総理も辞めさせろという説と、

両方があるというウワサがある。なにか情報はないか？

〔編者注〕　Aは外相有田八郎か。そうだとすれば、有田が外相に就任したのは昭和十三年十月二十九日であるので、この日記は平沼内閣時の昭和十四年のものと思われる。Yは海相米内光政をいう。

Y↓

(イ)説は自分も耳にしたことがあり、また㊊が辞職を申し出たことを聞いたことがある。しかし、(ロ)説のほうは初耳である。いったい、㊊が他との会見の経過とか、五相会議における話合いについて、あとで部内にどのように説明しているのか、すこぶる疑わしいところがある。㊊のこれまでの話しぶりだと、(ロ)説もおこりうると思われる。

A↓

自分も㊊が何をいっているか疑問に思うことが、たびたびあった。また新聞には、なにか外相のしめした折衷案でもあるかのように報道されているが、そのようなことはないということは御承知のことと思う。

Y↓

先日の五相会議において君が陳述したことは、よくわかっている。折衷案など、ありようはない。折衷案でもあるようにいいふらす向きのあることは想像される。

A↓

どうも有難う。

日独防共協定強化問題

昭和十四年一月五日　平沼（騏一郎）内閣の初閣議。

一月十日

日独防共協定を強化する問題が、はじめて五相会議の議題になった。しかし、この日は首相と外相の間で、一般的な抽象論をかわしたにすぎない。

その後、八月二十二日に独ソ不可侵条約が閣議に報告されるにいたるまでの数十回におよぶ五相会議は、（平沼）首相の不徹底な態度と（板垣）陸相の暴論とによってなんら得るところなく、ただ複雑怪奇という言葉によって平沼内閣の退陣をみるにいたったのは、まことに遺憾至極というほかはない。もし平沼首相にしていま少しく毅然とした態度をもって五相会議を主宰していたであろうならば、将来に累をおよぼすことがなかったであろうに。

平沼首相は、その挂冠にあたり、時の内大臣〔注、木戸幸一〕にたいし、海軍の主張は終始一貫して時勢をみることに誤りがなかった、とうちあけたという。だが、これは要するに、ただ後の祭りにすぎないと評すべきである。

日独伊協定の強化問題については、五相会議のほか陸相と私的に会談すること数回におよんだ。しかし、ついに一度といえども、意見の一致をみることがなかった。八月二十一日の最後の私的会談における問題は、じつに次のようなものであった。後日のため、その会談の要旨を摘録しておこう。

八月二十一日、陸軍大臣の希望により、星ヶ岡茶寮〔編者注、現在は東京赤坂のホテル〕に会合、日独伊防共協定の強化問題につき意見を交換する。同日午後六時より十一時半まで会談をつづけたが、ついに意見が一致しなかった。

海軍大臣　日独伊防共協定を強化する趣旨には、あえて反対をとなえるものではない。が、いったい、その目的はどうなのか。また、強化する対象は、どこにおこうとするのか。これを要するに「第三国」の解釈はどうなのか？

陸軍大臣　ソ連にたいしてはドイツ、イギリスに対してはイタリア、だいたい右のような希望をもって協定を強化したいと思っている。今日、対中国問題について期待している目的が達成できないのは、北にソ連、南に英国の策動があるためである。すなわち、英国とソ連を目的とするものだ。

海軍大臣　陸軍においては、日独伊防共協定を攻守同盟にまで進展させようという企図があるようだが、はたしてそうなのか。

陸軍大臣　だいたいにおいて、そうした希望を持っている。

海軍大臣　ソ連と英国をいっしょにし、これを相手とする日独伊の攻守同盟のようなものは絶対に不可である。自分の見解によれば、英国は現在のところ、日本と衝突するようなことはない。日本が中国に対して望むところは「和平」にして、排他独善の意志は持っていない。英国にしてわが真意を諒解できたならば、両国の関係は徐々に好転するであろうし、しかも両国はいまやこの好転の機運を助成することに努力しつつある。日本は中国に権益を持っていない他国と結び、最大の権益を持っている英国を中国から駆逐しようとするようなことは、ひとつの観念論にほかならない。また、日本の現状からみても出来ることでもなければ、なすべきことでもない。独伊と結んだからといって、中国問題の解決になんの貢献するところがあろうか。よろしく英国を利用して中国問題の解決をはかるべきである。

また米国が、現在のところ中国問題に介入しない態度をとっているのは、中国における列国の機会均等・門戸開放を前提としてのことである。もし某々国にしてこの原則をやぶるような行動をあえてしたならば、米国は黙視しないであろう。この場合、米国は英国と結ぶ公算が大きい。

中国問題について、日本はたとえ独伊との了解があったとしても、英米を束にしてむこうにまわすこととなり、なんら成功の算を見出しえないだけでなく、この上もなく危険である。かりに英米は武力をもってわれに臨まないとしても、その経済圧迫を考えるとき、まことに憂慮にたえないものがある。

英国における金融界は、政府とは密接な関係を持っていないで自由の立場にある。そこで政府の政策とはかかわりなく、他国の金融界と密接な連繋をとってきた。すなわち言葉をかえていえば、英国の金融界は、その独自の立場において他国の金融界と交渉を持ってきたのである。最近、英国の政府筋においては、張鼓峰事件をさほどシーリアスに考えていなかったが、金融界においては事件の当初からこれを重大視し、その結果、在英正金銀行のようなものは相当の痛手をこうむったと聞いている。

欧州大戦〔編者注、第一次世界大戦〕当時、英国政府はあれほど困ったにもかかわらず、金融界の日本にたいする態度は別人のようであったが、今日の態度はどうか。まったく不思議の感がする。つまり、現在における英国の金融界は、日本の金融界にたいして悲観的な観察をなしていると考えることを妥当とすべく、さらにまた英国政府にして、将来、露骨に日本を敵とするような態度に出ることがあれば、日本金融界がますます不利となるであろうことは、だいたい想像できないことではない。

また、米国においては英国のそれと全く反対であって、だいたい政府筋の指導下に動きつつある（フォードなどは多少の例外ではあるが）。したがって、米国政府が今日のような態度をとりつづける場合、日本はとても米国の金融界に期待できないだろう。いうまでもないことだが、米国一般の日本にたいする人気がひとつも改善されない今日においては、とても期待できそうにない。しかも、米国の金融界（Wall Street）は、今日なお英国の波にのっているので、なおさら米国に期待できないこととなるだろう。

これを要するに、防共協定を強化することの逆効果として、英米より経済的圧迫をこうむるようなはめにおちいったとしたら、いま事変に直面しているわが国としては、きわめて憂慮すべき事態におちいることとなろう。こうしたことは、絶対に回避しなければならない。

つぎに、独伊はどうした理由によって、日本に好意をよせようとするのか。好意というよりは、むしろ日本を乗じやすい国として自分の味方にひきいれようとするのか、もっとも冷静に考察せねばならぬ。

　ドイツはハンガリー、チェコを合併して大戦前における独墺合併の大国となろうとし、あわよくばポーランドをも併合し、さらにすすんでウクライナをその植民地とし、こうして、いわゆる欧州における新秩序を建設するための前提となし、また、中国においては相当な割前を得ようとするだろう。

　イタリアは将来スペインに幅をきかし、これを本国と連絡させるため〔リビアのことも考えられ、またマルタ島の攻略も夢みるであろう〕地中海において優位を獲得し、中国においては、これまた相当の割前を得ようとするだろう。

　つぎに、わが国としては、すでに事実上満州を領有した。満州の基礎を強化して、その発展を達成させることは、日本として差当たりの急務であり、そのために必要とする経費は日中貿易にもとめるべきである。日本の対中国政策は、このアイデアを基礎として考えるべきであり、ただ隴《ろう》を得て蜀《しょく》を望む〔編者注、むさぼって足ることを知らない〕ような野心を捨てるならば、前記の対中国政策は平和裡にすすめられるだろう。これがためには、ただ列国との協調をこそ必要とすべく、いかなる理由でこのさい特殊国と特殊の協約を締結する必要があろうか。

　日独伊の協定を強化し、これと攻守同盟を締結しようとするようなことは、それぞれの国がその野心をたくましくしようとするにほかならない。独伊と結んで、どれほどの利益があろうか。しかも、前記の利害を計較したならば、結局のところ馬鹿をみるのは日本ばかりという結果となるだろう。

自分としては、現在以上に協定を強化することには不賛成であるけれども、陸軍の播《ま》いた種《たね》をなんとかして処理しなければならないという経緯があるならば、これまでどおり、ソ連を相手にすることにとどめるべきである。もし英国までも相手にする考えであるならば、自分は職を賭しても、これを阻止するであろう。

陸軍大臣は、独伊について、どのような特殊性をみとめ、これをどのようにわが国に利用しようというのか。まず、その所見をうかがいたい。

これに対する陸軍大臣の答弁は要領をえないものであり、議論はただ循環するだけである。ついに意見の一致をみることができず、むなしく五時間余を押問答でおわったにすぎない。

〔編者注〕　この陸海両相の星ヶ岡茶寮会談がひらかれるにいたった経緯についてのべておこう。

昭和十三年八月中旬、わが陸海軍主務者は会同し、自動参戦をうたったドイツ案の第三条「締約国の一国が、締約国以外の第三国より攻撃を受けた場合においては、他の締約国はこれに対し武力援助を行なう義務あるものとす」を大幅にゆるめることを条件として、原則的に同意する態度を確認する。つまり、軍部としては、この「原則的同意」をドイツ側につたえる段取りだった。だが、海軍省において、山本五十六次官から〝黄色信号〟（日華事変処理のため日独・日伊提携強化案に大きな疑問がなげかけられた）が出された。その上、米内海相は、ドイツ側に通告する「軍部における同意」を、オフィシャルな国策決定機関である五相会議にはかって検討し、その上であらためて日本側の態度をドイツ側に通告すべきであるという挙に出た。これによって「軍部の意見」は一応タナ上げの形となり、日本の国策という場で考えられるという思いがけない方向へ事態は動きだしたのである。

この米内発言でおどろいたのは陸海軍の主務者たちだった。海軍省軍務局第一課長岡敬純からの連絡でこれを知った陸軍省軍務局軍務課長影佐禎昭は、五相会議にかけたばあい、米内海相から反対されては大変と、あらかじめ板垣陸相より海相の了解をとりつけておくことを可とするとして、この会談がひらかれるはこびとなった。

陸相の考えは、日華事変が解決しないのは「北にソ連、南に英ありて妨害」しているからで、これを排除するために独伊と結ぶというのである。だが、正面きって敵となっていないソ連と英国の妨害があるだけでも、事変解決の見とおしがつかないのに、これを敵性国と銘うってやれば、事態はますます面倒になるにちがいない。ましてや英米は一体となると判断すべきで、フランスと英国とのつながりも強い。ドイツが英国を、イタリアがフランスをじゃまにしているのは、独伊それぞれの国情と利害によるもので、日本とは直接の関係がない。とくにドイツは、中国で日英をかみ合わせることは、それだけ自分の利益になる。ドイツの中国における権益は、日英両国にくらべれば問題にならない。日英を中国問題で争わせ、あわよくば割前でもとろうという魂胆だ——というのが米内の見解である。

米内の見解は、世界情勢を客観的にながめた者からみれば〝常識論〟といえよう。だが、その常識論が耳に入らない陸相であり、当時の陸軍であった。

米内の中国についての見解は、主として三年ちかい中国勤務の体験によるものであることは前にのべた。そしてドイツについては、かれが佐官時代の二年半、ベルリンに駐在した経験と研究の結果からえられたものだという。米内がドイツと結ぶことをひじょうに危険だと考えたのは、ヒトラーの『マインカンプ（わが闘争）』を熟読した結果、しみじみ感得したからである、と。

この会談記の摘録を通読するとき、常日ごろ寡黙で知られた米内光政の、説き来たり説き去る日独伊提携強化反対の強い意見のめずらしい〝雄弁〟におどろくとともに、説得役であったはずの板垣陸相の苦悩するさまがありありと目に見えるようである。なにが米内をして、かくも雄弁ならしめたのか。板垣は同郷・岩手の後輩（五歳）という気安さもいなめないが、やはり憂国の至情にほかならなかったろう。

五相会議摘録

五相会議の主な内容は海軍省副官の綴りにおさめてあった。が、これは昭和二十年五月二十五日の戦災時に焼失したという。以下、重要と思われることを、記憶のまま摘録する。

昭和十四年四月五日　情況判断

一、欧州における英仏対独伊の関係は、昨今にわかに緊張の度をくわえ、ちかくあるいは両者の間に開戦をみんとするやの情勢にあると判断される。

二、こうした情勢にあるので、独伊は戦争における自国の負担を軽減するため日本の参戦を欲し、目下交渉中である日独伊防共協定強化のすみやかな成立を熱望しつつあるやに察せられる。

三、英仏がもし開戦を決意したならば、これら両国は日本にたいして、なんらかの了解または意志表示をなすであろう公算が大きいと思われる。

四、ポーランドおよびソ連の態度はまだ明らかではないが、開戦に際しては消極的ながら英仏側に加担するであろう。

〔編者注〕平沼騏一郎内閣の組閣完了（昭和十四年一月五日）とともに、ドイツ外相リッベントロップは三国同盟案を正式に提案（一月六日）してきた。米内（当時海相）はその後のドイツ側の対日態度などから、欧州情勢の切迫を察して右のように判断したのであった。

たしかにドイツが兵をポーランドにすすめ、ついに第二次世界大戦の火蓋を切ったのは、それから半年もたたない九月一日のことだった。してみれば、米内はその五ヵ月前に、この手記にみられる適切な情勢判断にもとづいて、日本がドイツのために火中の栗を拾うことのないよう、断固として陸軍の向独一辺倒に反対しつづけたのであった。

平沼（騏一郎）首相の説明　昭和十四年四月十二日

一、日独伊防共協定の強化問題については、陸海軍両大臣の間にかなりの意見の開きがある。
二、総理としては、これまですすめてきた経緯もあることだから、いまこれを破棄することには反対である。
英米にたいする刺激のようなことは、五十歩百歩であろう。
三、しかしながら、今日のわが国の立場としては、独伊とのあいだに軍事同盟をつくり、英仏対独伊開戦の場合、独伊に参加することは不可であると思う。これが最後の訓令を発した理由である。
そうかといって、首相にはなにも答案があるわけではない。かれは、いい加減なことをいうて明確な態度をしめさず、さらにまた、
外務大臣において、この最後訓令によって駐独・伊両大使〔編者注、大島浩と白鳥敏夫〕をして交渉に入らせることができる余地があると考えたならば、外相よりいまいちおう訓令を発することにしたい。
もし不可能であると判断されたならば、結局は「覚書」の線にそって処理するほかはないだろう（両大使を召喚して交渉をすすめるか、交渉をまったく打切るか）。
現在の国際情勢と国内問題が急変し、特別の考慮を必要とするような新事態が発生した場合には、別個の問題として考慮できる。

とはいうものの、当時の首相の肚はひじょうに明瞭を欠いていた。

四月十四日　総理よりヒトラーおよびムッソリーニにたいするメッセージ問題を討議し、送ることとなる。

余計なことである。あとになって、なんらの反響がないことがわかった。

四月二十三日の五相会議において、首相は、

「いままでの経過からみれば、いまさら協定《（マヽ）》をうちきって白紙に還元することは不可と思う。すなわち、協定は結ばねばならない。しかし、日本としては、あくまで自主的な立場を失ってならぬ。その精神は文句の末にして修正してならない。要は、兵力援助などの具体的問題をはっきりさせるにある」といった。

四月二十七日　五相会議

四月二十八日五相会議

五月五日　五相会議

この日、首相は閣議において、五相会議の経過について各閣僚の諒解をもとめた。閣僚の意向は、だいたいにおいて、

「日本の誠意をしめすことはよろしいが、ドイツの誠意ははたしてどうか。よくこれを確めて、わが支那事変の処理に貢献できるように、努めるべきである」

という趣旨のものであった。

日独通商協定の現状はどうか、またドイツと支那との経済交渉の経過などの問題について質疑応答があった。

閣議がおわったのち、あらためて首相の意見をただしたところ、

「世界の和平を保持するため、協定を結びたい。

最後案は一歩もゆずらない。

それができなければ、（交渉を）打切るのもやむをえない。これがため、内閣の運命にかかわるようなことがあっても、それはいたしかたない。

最後案によるとして、もし英仏対独伊開戦ともなったならば、日本は独伊側に立つであろう」

と首相は答えた。彼はまだ協定の真意がわかっておらず、宙にまよっているようである。

その後、協定問題は押問答をかさねるだけでいっこうに進展しない。七月一日、海軍大臣はみずから次の覚書を作成して、陸軍大臣の同意をとりつけようとしたが、まったくラチがあかなかった。

覚　書

一、無条件にて交戦関係にはいることを義務づけられない、という既定方針は、これを変更しないこと。

二、将来における細目協定討議の基礎となるべき事項は、陸海軍の間で意見が一致した六月五日付け外務訓電三二六号の方針によって、これをドイツ側に納得させること。

〔編者注〕　この訓電は長文のものであるが、その要旨はいう。

一、ソ連またはソ連をふくむ第三国対独伊戦の場合、日本の態度は独伊側に立つこともちろんにして、その意思を表示し、かつ武力援助を実施することももちろんのこと。

二、ソ連をふくまない第三国を対象とする場合における日本の態度は、イ、意思　においては必ず独伊側にくみし、英仏側に加わることがない。
ロ、意思表示　は前項に準じこれを行なうも、ソ連がまだ態度を表明しないような情況において一般情勢とあわせ考え、日本が無言の脅威をもってソ連などの戦争参加を牽制することが締約三国のため有利とする場合には、なんらの意思表示を行なわないことがある。意思表示については、独伊側と協議するものとす。
ハ、行為　としては、日本は諸般の情勢よりみて、現在および近い将来においては有効な武力援助ができないことは、従来のべてきたところであるが、政治・経済上の支持、諸種の助力および援助のうち、武力行使を除いたものは常に必ずこれを行なう。
三、前二項の条件を堅持するかぎり、外交交渉の技術上のことは、これを外務大臣に一任すること。
七月十八日　五相会議
陸相は日独伊問題をすみやかに解決してソ連を牽制し、ノモンハン問題を有利に解決したいという所見をのべた。

〔編者注〕 このメモにある五相会議は昭和十四年四月五日から同年七月十八日までのものであるので、当時の同会議メンバーは首相平沼騏一郎、外相有田八郎、蔵相石渡荘太郎、陸相板垣征四郎、海相米内光政であった。

三国条約締結に関する関係資料

三国条約締結当時の内外情勢

一、一般情勢

日本が当時直面した内外の情勢としては、支那事変を解決することが最大の問題であった。が、一方、米国と豪州が先鋒となって南北アメリカおよびオーストラリアより移民の入国禁止または大制限をうけ、さらに経済的には英帝国より締出しをくい蘭印市場もせばめられ、仏印とフィリピンはこれと同じ歩調をとり、米国もまた英国とともに日本の中国大陸における経済発展を阻止する政策をとるという状況であり、過剰な人口をようし貧困な資源になやむ日本として、その生存を全うしようとする前途はきわめて暗澹たるものがあった。

こうして、日本にたいする経済圧迫がようやく加重されるにしたがい、わが国の南方諸地域は日本にとって死活的な重要性をもつようになってきたので、日本としては自存上最低限度の必要とする自給圏の確保につとめざるをえなくなった。この生きる道を打開することが、支那事変の解決とともに日本の最大関心事であったのである。ところで、当時ドイツは破竹の勢いをもって欧州を席捲していた。オランダは蹂躙され、フランスは降伏し、イギリスは危殆に瀕しておった。こうしたドイツの赫々たる戦果に眩惑され、独国と結んで日本の窮境を打開すべしという論は、わが国内においても朝野に澎湃とふっとうしていた。

二、三国条約締結にいたった主な事由

(イ) 支那事変解決の一手段

昭和十五年七月二十七日、政府・大本営連絡会議決定の「世界情勢ノ推移ニ伴フ時局処理要綱」に枢軸強化がとりあげられ、この要綱の方針は「内外諸般ノ施策ノ総力ヲ結集シテ支那事変ノ急速解決ヲ図ル」ことを強調し、その施策の一つに枢軸の強化があげられている。これがひいて同盟となり、その同盟による外交的な地歩を強化して支那事変を解決するとともに、ドイツのためには米国の参戦を阻止するというのである。

(ロ)　日本生存権の確保

当時、欧州戦はドイツの圧倒的な勝利をもって、短期間に終結するという判断が多かった。とりわけ陸軍側に強かった。

東亜において日本の生存権を確保するためには、ドイツと同盟を結んでいないならば、悪くすると南洋群島や仏印および蘭印までもドイツのために壟断《ろうだん》（ひとりじめ）され、わが国の自給圏内に独国の勢力を壟断的に伸長されるおそれがある。しかも、このことは欧州戦争が終わらないうちに実行する必要がある。（バスに乗りおくれるな、の考）

南洋は、日本の生命権の確保上、絶対に必要であることを認めさせねばならない。

(ハ) ドイツ、イギリス、アメリカが妥協して日本を孤立させ、東洋人の犠牲のもとに欧州戦争を解決し、アジアにたいする侵略をたくましくするおそれなしとしない。このためにも、日本はドイツと結んで、その離反を防止しなければならぬ。

(1) 右にたいするドイツの謀略的な策動として、日本が同盟締結の話にのらなければ、ヒトラーは独裁者で思い切ったことをやるので、ソ連・英国・米国と妥協し、支那をたすけて日本を孤立させ、これを圧迫する。

(2) 米国にはドイツ系アメリカ人が約千万いる。かれらは対日よりも対独のほうが和解しやすい。ドイツは独系米人にはたらきかけ、米国をして対日戦争をやらせるかもしれない。

(ニ) 条約内容の不利緩和

(1) ドイツは日本の欧州戦への参加を要望しておらず、英米を牽制してもらえばよろしい、というのである。しかし万一の場合には、対英米戦も決心してもらわねばならない。だが、そのような場合でも、日本の自主的な参戦でよろしい。

(2) ドイツは日ソ関係の調整を仲介する。

(ホ) 対米国交の調整

日、独、伊、ソ四国同盟を背景とする毅然たる態度をもって米国との国交調整をはかる。こうして、対米戦をやらないようにし、また支那事変の解決にも資する、というのが松岡（洋右）外相の主張であった。

三国条約締結にいたるまでの経緯

一、日独伊枢軸強化の問題は、昭和十五年七月二十七日に決定された「世界情勢ノ推移ニ伴フ時局処理要綱」に基づいたものである。

この要綱は、その骨子に明示されているように、支那事変を解決することが最大の重点であり、つぎは日本の経済状況を改善する（対蘭印外交）ことだった。これら目的を達成するための一施策として、独伊両国との政治的な結束化およびソ連との飛躍的な国交の改善（すなわち、従来のソ連に対する警戒的な態度を捨てて枢軸陣営に加入させる友好外交をすすめる）があげられたのだ。

右は米英の支那事変にたいする態度が全く反日的であり、従来のような米英との国交調整によって事変を解決するという見込みがなくなった。そこで方向転換をなして独伊ソと結び、米英に叩頭《こうとう》する態度をあらため強腰で対米（英は自国の危機に直面していたので、もっぱら米国が対日強硬態度でのぞんでいた）折衝をおこない、これによって支那事変を解決するとともに蘭印と仏印における日本の経済状態を改善しようとした。

二、関係各省の事務当事者たちは、右によって協議をすすめつつあった。たまたま大島（浩）駐ドイツ大使から、リッベントロップ独外相は枢軸強化に関する日本の真意を承知したいと希望している、との照会電があった。

外務省当事者はこれに対する回答の必要上からさわぎだし、また各省当事者はリ外相の特使スターマーの来日がわかったので「日独伊枢軸強化に関する件」について具体的に協議をすすめることとなった。

ところで、その文案はまだ事務当事者間の論議とても確定とまではいっておらず、したがって、各上司の決裁を得るところまではなっていなかった。こうした状態にあった（昭和十五年）九月七日、スターマーが来日した。彼は九日と十日に松岡外相とその私邸で会談した後、夫人が病気だという理由で軽井沢へ行った。松岡外相も静養と称して軽井沢におもむいたが、そこでスターマーと折衝したと思われる。（陸軍

はこれに参加したらしい）

松岡は九月十三日に軽井沢から帰って来るや、突如として三国条約案をつきつけ、疾風迅雷的に九月十九日の連絡会議で決定され、九月二十七日にベルリンで調印となった。

これより先き九月二十六日、枢密院において鈴木（貫太郎）副議長の主宰のもとに総員審査委員会がひらかれ、ひきつづき本会議で可決された。当時、この条約締結に全幅の賛意を表していない海軍その他をおさえるため、調印と同時に詔書の発布（松岡起案）となり、この同盟に関する論議を封じた。（傍点編者）

〔編者注〕

詔　書

……乃チ政府ニ命シテ帝国ト其ノ意図ヲ同シクスル独伊両国トノ提携協力ヲ議セシメ茲ニ三国間ニ於ケル条約ノ成立ヲ見タルハ朕ノ深ク懌フ所ナリ……

緒方竹虎が米内光政にたいして、「米内、山本の海軍が続いてゐたなら、徹頭徹尾（三国同盟に）反対したかと質問したのに対し、『無論反対しました』と答へ、暫く考へてから『でも、殺されたでせうね』と如何にも感慨に堪へぬ風であった。そして当日渙発された日独伊三国条約に関する詔勅の『乃チ政府ニ命ジテ其ノ意図ヲ同ジクスル独伊両国トノ提携協力ヲ議セシメ』という字句を幾回か読み返しながら、『帝国ト其ノ意図ヲ同ジクスル独伊両国』といふのが何としても腑に落ちぬやうであった」（緒方竹虎『一軍人の生涯』）

三国条約締結に対する海軍の態度

一、従来の態度

帝国の赤化防止の必要から防共協定には海軍としても賛成はしたけれども、軍事同盟を締結するということに対しては対英米戦争を誘発するおそれがあるとして絶対反対の態度を堅持していた。とりわけ自動的参戦の義務を負うことについては、次の点よりして海軍は頑として応じなかった。

(イ) 当時米国は対英援助にきわめて積極的で中立を逸脱しており、このままで推移したならば米独開戦にまで発展する公算がひじょうに大きかった。

(ロ) 苦しくなった場合、独伊が謀略的に対米戦にもっていき、日本を参戦にひきずりこむおそれがないでない。

二、海軍が三国条約締結に同意するにいたった理由

(イ)三国同盟条約締結事由

㈠支那事変の解決、米国の参戦防止、対米国交調整

㈡帝国の生存権を確保

㈢ドイツの謀略

㈣自主的参戦

㈤日ソ関係の調整

(ロ)「日独伊枢軸強化ニ関スル件」書証に対する弁護資料中に記述したように（編者略）海軍の絶対的な意見は容れられ海軍としての反対理由が表面的には解消した観を呈したこと。

㈠武力行使の自主的な決定によって、対英米戦は海軍の態度によって回避することができる。

㈡対ソ、対米国交調整によって、対ソ、対米戦をやらないようにする、と松岡外相は主張した。

㈢戦争準備について、海軍の要望が認められた。

(ハ)海軍としては当時の国際情勢にかんがみ米英に対する国防を整備する必要があり、これがために要する予算や人員・資材を獲得せねばならない実情にあった。したがって、このさい対英米絶対和平主義を標傍することは、陸軍および一般の北進論者(当時、枢軸熱の高かった世情において)より海軍不信論を招来し国家はますます危険な方向に急進するおそれが多分にあったので、内心は対米英和平主義の海軍としてある程度は対米英強硬ジェスチュアをとらねばならなかった重大な理由があった。

(注)海軍としては実際問題として対米英戦の危険をおかすことは堪えがたいことで、なかなか同盟には賛成することができなかったのであった。しかし、三国同盟はソ連の参加によって四国同盟になるだろうということであり、さらに松岡外相は日米交渉を開始する企図もあきらかにし、ドイツは対英戦に日本の援助をもとめないといい、また対米戦の回避に努力しようというので、海軍はしだいに説得されていった。さらに軍事協力においても万一の自動的参戦をおそれ、参戦は自主的に日本が決めることを強く主張したのであるが、スターマーとしても海軍のこの主張を容れなければ条約成立の見込みがないと悟ったものか、かれは自主的参戦を容認するにいたった。

三、「日独伊枢軸強化ニ関スル件」書証における海軍の態度

(イ)「基礎要件」第五項の『対米武力行使』に関しては、自主的決定であるので、海軍としての真の肚は、海軍が同意しなければ出来ないことであるから、この点さえ堅持すれば表面の文句は多少譲歩しても差支えないだろう、としたものである。

(ロ)「基礎要件」第五項㈠号に関しては、海軍としては支那事変をひかえていては対米英戦など思いもよらず、また、この事変さえかたづければ東洋の平和維持は容易となるので、実際上、対米英戦の必要は消滅するという見込みのもとに「自主的」の条件と関連させて承認した。

(ハ)「基礎要件」第五項㈢号に「我ガ戦争準備」という文句を挿入するよう海軍が主張したのは、同盟条約を締結する以上は国際情勢の推移がもはや猶予を許さないという最悪の事態をも考慮せねばならず、また毅然とした態度を示すためにも海軍軍備を充実しなければならない。従来の支那事変中心主義、すなわち陸軍中心の軍備政策を変更して世界情勢対応主義の国防政策、必要程度に海軍軍備を充実する政策に転換せしめるためのものである。また自主的参戦論議の場合、海軍の戦争準備の不十分という理由が参戦反対に利用できる下心もあった。

(ニ) 海軍の立場は、一面から見れば対内謀略的である、といわれるかもしれないが、当時の国内大勢と政治力にかんがみるとき、こうするより外に海軍として国家の安全と世界の平和を保持する手段はないと考えた。

東篠内閣成立時の重臣会議

昭和十六年十月十七日午後一時開催

侍従長(百武三郎)より思召伝達

内大臣(木戸幸一)の挨拶

内大臣　今回の政変については、事情がかなりこみいっているので、近衛(文麿)首相の出席をもとめて説明してもらうつもりで御許しを得、また近衛公の承諾も得ておいたのでありますが、昨夜来病気発熱のため出席ができないということを申してきました。なお経過は書類をもって送付してきましたので、これをいまから読んでみたいと思います。

ただ、この書類は個々の問題ごとに分けて書いてありますので、いちおう今日にいたるまでの経過を総合的にお話した上で読みたいと思います。(最近十二日、荻窪における会談〔編者注、近衛首相は荻外荘に陸・海・外相および企画院総裁を招いて和戦を会議、陸相は中国よりの撤兵に反対〕以後の推移を主として総合的に話したのち別紙を朗読する)

ついで各員より質問があった。その主なものは、つぎのとおり。

若槻(礼次郎)　日米戦争を主唱する論として、いわゆるジリ貧論をしばしば耳にするが、これほど危険な話はない。はたして戦争したならばどうかということになるが、よほどの検討を必要とする。

原(嘉道・枢密院議長)　石油問題が、どうも中心と思われる。海軍の油のことは二年くらいあるとかいうように聞かされているが、陸軍ははたしてどれほどの準備を持っているか、わかっておれば聞きたい。

右について、だれも十分に説明するものはなかった。

岡田(啓介)　油の問題はいろいろと煎じつめても、結局、結論はえられない。

阿部(信行)　急進の論をする人も、また、ひっぱって外交交渉を希望する人も、気持ちはおなじで、要するに油ということなのだが、首相はどこまで追求して研究したのであろうか。

内大臣　それは首相としても相当の追求はしたようだが、じゅうぶんには扱えなかったであろうと思う。

若槻　御前会議の決定は、もちろん尊重すべきである。だが、これが扱い方がいかにも法律家的であって、外交交渉のめどがなくなったからといって、ただちに開戦というようなことは、どうしたものだろうか。国運を賭しての問題であるから、もうすこし政治的な考慮があってよいものではないか。

岡田　海軍のいうところ、すなわち条約でいくなら徹底的に条約ですすめてくれという論は、うなづけないでもない。海軍は割合いに油をもっているのではないか。

清浦（奎吾）　出先きの大使が見込みありというのに、急に態度をきめなくてはならぬというのは、どういうわけであるか。

内大臣　その点は御前会議で決心の期日を十月上旬というぐあいにきってあるため、陸軍との意見の相違ができたので、政府としては行詰らざるをえなかったのだと思う。

阿部　清浦さんのいわれるとおり、見込みがあるというのに政府が去らなければ〔編者注、辞めなければ、の意か〕ならぬというのは、どうも理解できない。

内大臣　その点は、なかなかわかりにくいところであるが、要するに、日本は陸軍が支配していると米国はみているので、容易に最後のハラをみせない。これに反して、近衛公はまずルーズベルト（大統領）と会見して大綱をきめ、政府の情勢をつくりだし、その後に細目を決定しようと考えていたところに、くいちがいがあった。米国の最後的回答に接しないうちに、御前会議できまった期日は容赦なくせまってきたということである。

若槻　支那事変もすでに四年をついやしているのだが、いったい対米戦争は何年くらいかかると思っているのであろう。

米内（光政）　海軍が日米戦わば勝つということは、太平洋を土俵として日米の両艦隊が戦えば勝てるということであって、いつ戦うかわからない、自給力はまた別論である。

広田（弘毅）　支那事変中であるので、政府といえども、やはり大本営の意向が中心でなければならないと思う。

内大臣　むろん戦時中であるから、軍の意向は重要である。ことに国運を賭するような問題にあたって、陸海軍が完全に一致するということが必要であり、これが今日、国家の最小限の要求である。

阿部　人の問題よりも、今日は武力を必要とする。
広田　陸海軍の背景が必要なのである。
岡田　陸海軍をまとめることができる人であることが必要である。
広田　大本営の希望を聞いてみる必要はないか。
原　広田氏のいうのは、統帥部から候補者を出させるという意味であるか。
広田　それも一つの方法ではなかろうかと考える。
岡田　それは、どんなものであろうか。
内大臣　統帥部に候補者を出させるということは、筋合いからいって、よほど研究問題であると思う。また、統帥部が立場上こまるし、だしきらないかもしれない。
広田　それは、そういうこともあるかもしれない。
林（銑十郎）　自分の意見をのべたいと思う。これは突然であるようにも思えるが、ご研究の材料として申してみるのである。いままでのご説明によって、今日陸海軍を協調させ、また、政務と統帥の協調をはかるということは、ぜひとも必要ではあるが、これは容易ならぬことなのである。そこで、このさい皇族のご出馬を願って内閣の組織をお願いしてはどうか。そして、今日の情勢からみて海軍方面からおでましを願ったらよいと思う。

米内　それは理論として一つの案と思うが、実際問題として行詰るのではないか。
内大臣　じつは、いわゆる皇族内閣の話はないでもない。これは陸海軍において、従来の行きがかりを捨てて一致の方針にまとまったという状態ができあがっておるが、行きがかり上、臣下ではこれを形式的にとりまとめることが困難であるから、過渡的に皇族のお力をわずらわすという意味ならば、あるいは一つの実現性のある案かとも思う。だけれども、今日の実情はまだそこまではいっていない。もし皇族をして、この難問題の解決にあたらせるということであれば、それは容易ならぬ問題である。第一に、国民からみれば臣下に人がいないのか、ということにもなる。また、皇族内閣の決定が開戦ということになった場合を考えると、近衛首相が御前会議において決定された方針をあえて実行できなかったほどの事情があるこの問題を、皇族があえて実行になり万一にも失敗に帰するといったような場合には、皇族をして国民の怨府たらしめる恐れなしとせず。今日の実情よりして、皇族内閣には同意しかねる。
若槻　内大臣は今日までの経過および諸情勢について、じゅうぶん承知されていると思うが、後継内閣についての意見をうかがいたい。
内大臣　このさい後継内閣の組織をだれにご命じなるかは、なかなか困難な問題である。自分は結論からいえば、東条陸軍大臣にご下命になるのがよいと思う。

逆説的ないいかたになるので、おわかりにならぬ点もあるかもしれないが、結局、今日のガンは九月六日の御前会議の決定である。

〔編者注〕この決定とは、十月下旬をめあてに戦争準備をととのえるとともに外交によって米英にたいする日本の要求の貫徹につとめるが、十月上旬ごろになっても要求が貫徹できそうもなければ対米英蘭戦を決意する、という要旨の「帝国国策遂行要領」をいう。

東条陸相とかなりその点について打ち明けた話をしてみたところ、陸軍といえども海軍の真の決意なくして日米戦争に突入することが不可能であることを、じゅうぶん承知している。しかし、御前会議の決定もあり、そして海軍側の右決定に対する修正のはっきりした意向がない限り、これにむかって邁進するほかない、ということである。すなわち、これによって事態をみるとき、陸海軍の真の協力はまだみられず、そして、御前会議における重大な決定は忽卒の間に決定されているというのが実情である。そうすれば、この事態の経過をよく知悉し、その実現の困難なことを最もよく身をもって痛感した東条に組閣を御命じになり、同時に陸海軍の真の協調と御前会議の再検討を御命じになることが、もっとも実際的な時局の収拾方法であると考える。これを現役でない陸海軍の大将などをして担当させることも、御前会議の決定をもって、一部のものより組閣方針を制肘されるときは、意外な結果をまねく恐れがないでもない。

清浦　皇族内閣については、自分のところにも東久邇宮云々というような話もあったが、自分はそれはいけないと思う。このさいは、やはり軍部からでて組閣するがよいと思う。

若槻　内大臣の考えも一理あるが、自分がいっしょに内閣にいたからいうわけではないが、宇垣大将のごときは軍の長老でもあり決意のなかなか強く、この事態をとりまとめるには、ひとつの有力な人と思う。ただ軍が前のように、反対するようではこまるが。

内大臣　宇垣大将などは、たしかに有力な候補者と思う。また、その実力も、なんといっても今日の第一人者と思う。ただ同大将については、単なる情報というのではなく現実に軍部の反対によって組閣拝辞の事例があるので、ふたたび大命降下をお願いするについては、よほど責任上慎重にならざるをえない。

今回の政変はきわめて唐突であったので、その辺の打診はじゅうぶん出来ていない。だが、秘書官長が二、三あたったところでは、大命がおりた場合、前回のような反撃はないとするも、軍はまだ決して十分の支持をなすような空気とはなっていないように思われる。いわんや軍を同大将によって押えさせるというようなことは、よほどの難事であると考える。

若槻　ここには軍出身の方もおられるが、宇垣大将に対しては、どういうふうにお考えか。

阿部　宇垣大将は、自分は同大将が陸軍大臣のとき次官をしていたので、よく承知している。同大将は、いつも軍を押えてもらいたいような場合、軍以外の方面から一つの力としていつも持出されるので、宇垣大将といえば、つねに軍の要求を押える人、というような印象をもっている。そのためか、お気毒な立場にいつも立たされている。今日の状況では、やはり宇垣大将ではなかなか収拾がむずかしいのではないか。

岡田　東条陸相にたいして個人的にどうというのではないが、今回の政変の経緯よりみて陸軍がたおしたとみるべきであろうが、その陸軍を代表する陸相に大命のくだることは、どうであろうか。その点に疑問をもっている。

内大臣　その点は、少し見解を自分と異にする。今回の政変は米内内閣時の畑陸相のとった態度とは異なるので、事の真相をみれば必ずしも陸軍のみに責任があるとはいえないように思う。

岡田　とにかく陸軍は強硬の意見である。内大臣は従来陸軍が後から鉄砲を撃つといわれるが、それが大砲にならなければよいが。

内大臣　その心配も、もちろんないとはいえないが、要するに、海軍の力がどのくらいはたらけるか、ということである。

米内　近衛総理は、海軍がハッキリしない、頼りないというので（内閣を）投出したではないか。

内大臣　そうハッキリともいえないが、時局の収拾は要するに陸海軍の一致と御前会議の決定の再検討を基礎にすべきだと思う。したがって、陸相に担任させることについて疑問があれば、自重論である海相に担任させることも一案である。

岡田・米内　海軍がこのさい出ることは、絶対にいけないと思う。

岡田　このさい軍がおさまれば、宇垣大将などもよいと思う。

若槻　東条陸相ということになれば、外にたいする印象は悪いと思う。外国にあたえる影響もよほど悪いと思わなければならない。

原　内大臣のいわれるようにするのであれば、大命降下のさい、方針を明らかにお示しになる必要があると思う。
内大臣　その点はじゅうぶん考慮しているつもりである。
広田　内大臣の案は、総理に陸相を兼務させるつもりであるか。
内大臣　そうである。
広田　それなら結構だ。
阿部　内大臣の案に賛成する。
内大臣　若槻氏は宇垣大将を推薦されたと思うが、岡田さんも宇垣大将を推薦なさるのですか。
岡田　いや、宇垣大将というのでもない。ただ内大臣の案にも心配の点があると思う。
原　内大臣の案は、あまり満足ともいえないが、べつだん案がないから、まずその案でいくほかあるまい。
内大臣　大体のご意向はわかりましたから、くわしく奏上のうえ御允裁を得るつもりである。

〔編者注〕内大臣の『木戸幸一日記』はいう。

「十月十七日（金）晴

（前略）午後一時十分より三時四十五分迄、宮中西溜の間に於て重臣会議を開く。清浦・若槻・岡田・林・広田・阿部・米内各前首相、原枢密院議長参集す。清浦子の九十二才の高齢にて出席せられたるは一同感激するところであった。

余より政変に至りたる経過を説明、それより各々質問、意見の開陳あり。若槻氏より宇垣大将を推選したる外は林大将より皇族内閣云々の説を出されたるのみ。特別意見なく、余は此際何よりも必要なるは陸海軍の一致を図ることと九月六日の御前会議の再検討を必要とするとの見地より、東条陸相に大命降下を主張す。但し東条陸相は現役にて陸相を兼ねしむることとす。反対論はなく、広田、阿部、原の諸氏賛成せらる。散会後、四時より四時十五分迄、拝謁、重臣会議の模様を詳細奏上す。

東条陸相を御召あり、大命降下す。

続いて及川海相を御召あり、陸海の協力につき御言葉ありたり。

控室に於て両相に対し、命を奉じて左の通り伝達す。

只今、陛下より陸海軍協力云々の御言葉がありましたことと拝察いたしますが、尚、国策の大本を決定せられますに就ては、九月六日の御前会議の決定にとらはる、処なく、内外の情勢を更に広く深く検討し、慎重なる考究を加ふることを要すと思召であります。命に依り其旨申上置きます。(下略)」

この日(ワシントン時間十月十六日)スターク海軍作戦部長は太平洋、大西洋およびアジア艦隊の各司令長官にたいし、つぎの警戒電報を発した。

「日本の内閣総辞職は重大な事態をひきおこした。次期内閣は強い国家主義的で、しかも強い反米的なものになるおそれがある。……日ソ間の敵対行動は最大の可能性がある。今日の望み少ない事態となったのは米英両国によるためである、と日本は解釈しているので、日本がこの両国を攻撃する可能性もある。この可能性にかんがみ、貴官は適当な警戒措置をとるべきものとする。これは戦略的意図を示さず、日本にたいし刺激的な行動にでないなど準備的な展開措置をふくむ」

スタークの電報を受けたキメル提督は、ただちに太平洋艦隊をつぎのような警戒配置につけた。

二隻の潜水艦によるミッドウェー付近の哨戒を行なう。

十二機の哨戒機をミッドウェーに派遣する。二隻の潜水艦を十月二十三日到着予定でウェークに派遣する。六機の哨戒機をミッドウェーからウェークに派遣し、その代機六機を真珠湾からミッドウェーに派遣準備をする。

ウェークの海兵隊、弾薬などの物資を増加する。

米西岸に回航中の戦艦部隊指揮官パイ中将にたいし、十月二十日以降、十二時間待機（命令をうけてから十二時間後に出動できる準備）を命令する。

六隻の潜水艦を短時間の事前予告で、日本近海に派遣する準備を行なう。

真珠湾外の艦隊行動海域における安全を強化する。

保険のため真珠湾から米西岸への艦船の回航は、事態が明らかになるまで、その計画の一部を変更する。


十月十八日午後三時、東条は閣員名簿を捧呈し、ここに東条内閣が誕生する。

「いかなることあるといえども、新内閣は戦争内閣ならざるべからず。開戦、開戦、これ以外に陸軍の進むべき途なし」と参謀本部の『機密戦争日誌』は喜んだ。

「遂に〝サイ〟は投げられたるか」

と『日誌』は東条内閣がすみやかに開戦決意をすることを期待した。

最高戦争指導会議（二〇・六・二二）

〔編者注〕昭和二十年五月八日ドイツの無条件降伏が実現するやいなや、東郷茂徳外相は直ちに終戦工作着手の行動を起こした。

時日に余裕はないし、特に妙案もないとすれば、軍部の親ソに便乗し、そこに機縁を探し求めることによってソ連に仲介を依頼する、という方法以外にない。軍部意向に便乗といっても、真の狙いが終戦そのものにあるのだから、問題討議の全体を当初から極秘中極秘のうちに進めるのでないと継戦勢力の強硬反対でつぶされるのは必至だ。

そこで最高戦争指導会議構成員たる次の六名以外には、同会議の幹事だろうと、政府・統帥部の次官や次長だろうと、誰にも一切厳秘にすることにした。

鈴木（貫太郎）首相、東郷外相、阿南（惟幾）陸相、米内海相、梅津（美治郎）参謀総長、及川（古志郎）軍令部総長〔五月下旬、及川に代わり豊田副武〕

（『終戦への決断』）

天皇、六巨頭に終戦措置推進方を指示

昭和二十年六月二十二日午後三時、御召により左記諸官は宮内省内の御座所に参集する。

○鈴木首相
○米内海相
◎阿南陸相
○梅津参謀総長
○豊田軍令部総長

〔編者注〕東郷外相の位置が不明、あるいは脱落？

御言葉
先般〔編者注、六月八日〕の御前会議の決定により、あくまで戦争を継続すべきは

もっとものことであるが、また一面、時局の収拾について考慮することも必要なるべし。右に関する所見はどうか。

しばらく一同沈黙し、答えるものがない。

ついに、お言葉があった。

「総理大臣の所見はどうか」

総理は、

「お言葉をいただき恐懼の至りにたえません。あくまで戦争完遂に努力すべきはもちろんのことでありますが、これと併行して外交上の手を打つことも必要であると思います」

と答えたのち、

「海軍大臣はどう思うか」

といった。海軍大臣は、

「外務大臣よりまず申し上げるのが順序であると考えますが、便宜上、海軍大臣よりお答えいたします」

と前置きし、

「じつは五月十一日以来、数回にわたって最高戦争指導会議構成員（注、首・陸・

海・外四相、陸・海統帥部長）のみで会議をいたしました。時局がら、主として対ソ問題について討議し、だいたいつぎの結論をえました。

一、ソ連との中立関係を維持すること。

二、ソ連の好意的中立を取付けること。

三、ソ連をして大東亜戦争の終結を斡旋させること。

当時、海軍大臣は前記第三項を延期し、しばらく時機の到来を待つほうがよろしいとの意見をのべ、構成員諸官の同意をえました。

しかし、過般の御前会議にさきだち（六月六日）、総合計画局長官より国力の現状について説明を聞き、すこぶる憂慮にたえないものがありました。たとえ武力戦では負けない覚悟があるとしても、総合国力の点から戦争継続に困難があれば、前途は知るべきのみと考えます。そこで、なんとか戦争の終結について所要の対策を講ずる必要を痛感いたし、前述した第三項を発動すべき時機がまさに到来したと思われました。

最後の構成員懇談会（六月十八日）において、発動時機について慎重に論議をかさねた結果、第三項を発動すること、ただし発動するにしても、発動までの順序と方法には至大の注意をはらう必要があり、いずれにせよ、これに関するソ連側の意向をまずもってサウンド（打診）する必要があることに意見の一致がみられ、外務大臣は以上のライン（線）にそって外交を指向することとなりました。

以上は、時局収拾に関する構成員の一致した意見の概要であります。いずれ外務大臣より補足し、詳しく申し上げると存じます。

これをもって奉答をおわります」

東郷外相は、

「ただいま米内大臣から申し上げたとおりであります。ただここに、若干補足いたします」とのべたのち、発動についての利害得失をくわしく説明した。

〔編者注〕東郷外相説明の要旨＝ただいまピース・ムーブメントをいたしますことは、早晩、世間にあらわれることを覚悟いたさねばなりません。その結果として、もっとも憂慮されることは、国民の士気に影響し、その結束のみだれることなきやがもっとも憂慮されねばならぬ点であると存じます。しかし、もしこの措置が成功しなかった場合には、かえって国民に最後の決意を固めしめることもできると存じます。

ついで、梅津参謀総長にたいして、

「軍部の所見はどうか」

と、陛下からおたずねがあった。

〔編者注〕「軍部」とは統帥部の意味で問われたのか、という高木（惣吉、元海軍少将）の質問にたいして、米内は「いや、陸軍の意味でお使いになったようだ」と答えた。

参謀総長は、「さきほど海軍大臣がのべたとおりでございます」と前置きし、「和平の提唱は内外におよぼす影響が大きいので、実施には慎重を要すると存じます」

と申し上げた。

〔編者注〕そこで陛下は、慎重に措置するというのは敵に対し更に一撃を加えた後にというのではあるまいね、とのお質ねがあったが、その意味でないことを言上した。（東郷茂徳『時局の一面』）

つぎに、阿南陸相の意見をもとめられた。

「とくに申し上げることはありません」

と答えた。

右にて終了。

出御、時に午後三時三十五分なり。

この手記の最後に、赤鉛筆で、

「当日ノ御懇談ノ模様ハ外相起案ノ上、御前参集諸官ノ同意ヲ求メ〈サイン〉シタル後御手許ニ提出ノコトニ意見一致」

と記し、さらに青鉛筆をもって、

「本件遂ニ実行サレズ」

としたためている。

〔編者注〕 米内が赤鉛筆で記したことを提議したのは、「今日のごとき重大な事項は、これをこのままにしておくときは後日そんなことを言ったとか言わなかったとか、行き違いを生ずる惧れがある」ので、これを未然に防止しようとする配慮と、「鈴木（貫太郎）総理は予想より耳が遠く、全貌が聞きとれているかを心配」した配慮によるのであったという。

最高戦争指導会議（二〇・七・一〇）

七月十一日午前
米内海相手記

六巨頭、ソ連に和平斡旋依頼のことを談合

首相の招請により、昭和二十年七月十日、首相官邸に参集する。参集者は、最高戦争指導会議構成員の鈴木首相、米内海相、阿南陸相、東郷外相、梅津参謀総長、豊田軍令部総長の六名であった。

首相の発言要旨

一、七月七日（土）午後一時三十分、突然の御召により参内したところ、陛下よりつ

ぎの御言葉があった。

「対ソ外交に特使を派遣することを早急にとり運ぶよう。むろん相手のあることであるから、その結果は予断することはできない。ところで、うまくいけば講和ができ、うまくいかなくても、これがためかえって国民の結束をかたくして戦意の昂揚を招来することとなり、最後まで戦争を継続することができるだろう」

これにたいし、首相はこう答えた。

「陛下のそれまでの御決心は、まことにありがたく恐懼にたえません。外務大臣はただいま軽井沢におります〔編者注、同地にて外相は特使予定者の近衛文麿と会談中〕ので、帰京しだい、これまでの外交交渉の報告を得たうえ、あらためて奉答いたしたいと存じます」

十日、このことについて、ふたたび陛下より督促があった。が、首相よりのお願いによって、明朝（十一日）お答えすることに許しをえた。

二、本日参集してもらった目的は、どのように奉答すべきかについて懇談することにある。

慎重に審議した結果、つぎのように奉答することに意見が一致した。

奉答要旨

さっそく思召にそうよう、特派大使の差遣について、外交交渉をすすめることと致したい。

ただし、特使の人選、ソ連側の査証許可および特使のモスクワ到着までには相当の時日を要する見込みであります。そこで陛下の思召は、間接ながらスターリンに連絡するようにとりはからうことは可能であると存じます。なおまた、ベルリン（ポツダム）における（米・英・ソ）三巨頭会談のおわるのは、だいたい本月の下旬〔編者注、じっさいは八月二日〕と考えられまするので、この点もじゅうぶん考慮することが肝要であると存じます。さらに一言とくにつけ加えたいと存じますことは、適当の時機までは本件を絶対秘密にたもつことでございます。

注

奉答要旨を決定するまでに、列席した各大臣と両総長から慎重な発言があったが、これらはこの記録に記してない。

午後九時五分、散会する。

最高戦争指導会議（二〇・七・一四）

六巨頭、近衛特使派遣につき談合

昭和二十年七月十四日午後三時、首相の招請により例のごとく首相官邸に参集する。首相は、つぎの要旨のことをのべた。

「七月十一日午前十時参内し、十日に決定した要旨を内奏した。特派大使を近衛公と内定し、早急にその同意をとりつけるべく近衛公と連絡をとろうとしたが、十一日には上京できないことがわかった。〔編者注、当時近衛は軽井沢にいた〕しかし、事は急を要することであるので、十二日午前九時半に木戸内府をたずね、天皇が近衛公をお召しになり思召を直接公に申しわたされることは手取早くもあり、かつ近衛公も名誉に思うと考えられるが、どうであろうかと相談してみた。木戸内府は自分の説に賛成し、十二日午後二時より二時半までの間に近衛公をして内府と面談するようとりはからってくれという申し出があった。たまたま当日に重臣会議があり、前記のことを近衛公につたえた。

十三日午前九時半、内大臣から電話があり参内する。陛下から、つぎのお言葉があった。

特派大使を近衛にきめたので、そのように心得るよう。

一、随員は近衛と相談して決定のこと。

二、近衛のハラをきめる諸般の資料は、さしあたり外務大臣が起案して審議すること」

〔編者注〕二〇・七・一二の『木戸幸一日記』はいう。

「午前九時二十分、突然鈴木首相来訪、左の要旨の話ありたり。

対蘇特使の人選については外相とも種々相談したるが、此の際近衛公を煩はしたしと思ふ、就ては、近衛公は昨日上京せらるゝ筈なりし故、自分より勧めたく思ひ居りしが、今朝上京せらるゝ由にて、一刻を争ふ今日、兎や角と勧め居るよりも、翻って考ふるに、却って直接御上より御下命と云ふか、御委託になる方が、近衛公にとりても名誉であり、宜しからんと存じ、其旨今朝内奏したり云々。

右につき、今日は既に御上御自身御乗出しになり居り、御親書云々迄の御決心なれば、却ってそれも宜しからんと同意す。十時十分、御文庫にて拝謁、予め右の趣を言上す。極めて天機麗しく御嘉納相成り、本日午後、近衛公御召のことに御決定被遊たり。(中略)

午後二時、近衛公参内、来室、余より今朝来のことにつき連絡す。

二時五十分、近衛公拝謁前拝謁、今朝鈴木首相より話のありたる点につき念の為め申上ぐ。三時、近衛公拝謁、三時十五分退下、来室、大要左の如き話ありたり。

陛下より時局終結についての意見につき御尋ねあり、依って最近陸軍より度々人が来り戦争推行《（ママ）》の可能につき説明あるも、其用ゆる数字が間違なければ兎も角、一方海軍方面の説明によれば必ずしも信を措く能はず。一方、民心は必しも昂揚せられあらず、お上におすがりして何とかならぬものかとの気持横溢し居り、又、お上をおうらみ申すと云ふが如き言説すら散見する状態にあり。此の際速に終結することは必要なりと信ずる旨、言上す。お上より蘇聯に使して貰ふことになるやも知れざる故、其の積りにとの仰せあり、謹んで御受けせり。

御召により三時三十五分、御文庫にて拝謁す。大要左の如き御話ありたり。

近衛に対し大体自分の考へを話して近衛の戦争の見透に対する意見を尋ねたるに、此際終結の必要を説いて居たから、蘇聯に行って貰ふかも知れぬからと云ったところ、第二次近衛内閣の時苦楽を共にせよと云ったことを援用して、こう云ふ際故、御命令とあれば身命を賭して致しますとはっきり御受けした。今度は近衛も大分決意して居る様に思ふ云々」

最高戦争指導会議（二〇・七・二〇）

五巨頭、対ソ電につき談合

昭和二十年七月二十日午後六時、首相官邸に参集する。集まったのは首相、海相、外相、両総長の五名、陸相は旅行中につき欠席した。

まず東郷外相より、最近のモスクワから佐藤尚武大使電をつたえる。その要旨はいう。

「日本皇帝のメッセージは、一般的のものであって、何ら具体的なものでない。近衛公の特使としての派遣もなんのためであるか不明である。これではソ連側から回答することができない」

また佐藤大使から望みがなさそうな電報があったので、これについてどう処理すべきかについて懇談する。

慎重に審議の結果、ソ連にたいし次のように措置することとなる。

一、皇帝のメッセージは、具体的には、大東亜戦争の終結についての斡旋をスターリンに依頼すること。

二、近衛特派使節の任務は、戦争終結の斡旋をスターリンに依頼するについての内容に関し、直接スターリンと懇談するにあること。

この決定を電報するのがよろしいということ意見が一致し、明二十一日に首相が参内して内奏の上ただちに発電することとなる。

今後に残された問題は、「スターリンに依頼するについて、その具体的内容を、どの程度にするかを研究すること」であり、さしあたり対ソ関係のものだけでなく、対米英関係についても、大体の肚をきめておく必要があろう。

〔編者注〕　七月十八日、ポツダムにおける米ソ巨頭会談（バーンズ国務長官、モロトフ外相も同席）のさい、米ソ間に日本の和平工作を黙殺する了解が成立した。当時、国務省顧問で、この会談の通訳にあたったボーレンがつくった文書には、その模様の要点がこう述べられている。

「スターリンは、日本から連絡文書を受けとったといって、トルーマンに天皇のメッセージがそえられた佐藤駐ソ大使の覚書の写しを渡した。スターリンは、それに回答する価値があるかどうかとたずねた。トルーマンは（すでにその内容を〝マジック〟〔日本外交電報の解読〕で知っていたが、そ知らぬ顔で）日本の誠意は信じられないといった。

するとスターリンは、ソ連と日本とはまだ交戦状態ではなく、日本人を安心して眠らせておくのがよいかもしれないから、近衛使節の性格や目的がはっきりしない点を指摘して、一時的で漠然とした返事をしてもよいと述べた。さもなければ、全く無視して返答しないか、はっきり拒否するかであった。

トルーマンは、最初の案で満足だと答えた。これについてモロトフ外相も、近衛特使がなにを提案するのかはっきりしない以上、トルーマン大統領の考え方はまったく適当だと述べた。

スターリンは、日本への回答文を発送前にトルーマンに見せようといった。大統領は、それにはおよばないが、ご厚意を多とするとあいさつした」(傍点編者)

御前会議(二〇・八・一四)における天皇御発言要旨

八月十四日御前会議における聖上陛下御発言要旨

わが問合せに対する敵の回答は、あれでヨイと思う。天皇統治権にたいし疑問あるように解釈する向もあるが、朕は外相の見解どおりに考えている。

朕の戦争終結に対する決心は、世界の大勢および我国力判断による朕みずからの検討熟慮の結果にして、他から知恵をつけられたものではない。

皇室と国土と国民の存する限り将来国家生成の根茎は充分成るが、彼我の戦力を勘案するとき、この上望みなき戦争を継続するは全部を失うに至るおそれが多い。朕の股肱とたのむ軍人より武器を取上げ、また朕の信頼する臣を戦争犯罪人として出すことは情において誠に忍びない（畏多くも御涙を拝す）。三国干渉時の明治大帝の御決断にならい、このように決心したのである。陸軍の武装解除の苦衷は充分わかる。仍《よつ》て詔書でも何でも用意してくれ。あらゆる手をつくすから頼む、ラジオ放送もやる。

（満堂声をあげて号泣す）

〔編者注〕三国干渉とは、明治二十八年（一八九五年）日清講和条約締結後、ロシア・フランス・ドイツの三国がわが国に干渉を加え、条約によって得た遼東半島を清国に還付させた事件。

すなわち、

陛下があらゆる点を御考察されての御熟慮の結果たるなり。

東京裁判関係

内容

米内光政口供書
小磯国昭の米内光政あて書簡
口供書の部分的説明の覚
三国同盟反対の理由
米内内閣倒壊の事情

米内光政口供書

一、私米内光政は、一九三七年(昭和十二年)二月から一九三九年八月まで海軍大臣であり、一九四〇年一月から同年七月まで総理大臣であり、また一九四五年四月から一九四六年十一月まで海軍大臣でありました。

二、一九三七年七月七日、華北の盧溝橋で日中両軍の衝突事件が突発しました当時は、第一次近衛内閣でありましたが、九日の閣議で初めて杉山陸軍大臣から右衝突事件の簡単な報告に接しました。その報告では、中国軍隊から不法に攻撃されたので、やむをえず日本軍隊がこれに応戦したものであるとのことでありました。そして杉山陸軍大臣は、このまま放置すれば、日本の五千五百名の北京、天津駐兵および多数の在留日本人の安否が気づかわれるから直ちに出兵する必要があるとのべました。私は海軍大臣として、この出兵に反対しました。そして海軍側としては、従来の例からみて、華北で事件がおこると、それから二ヵ月後に華中方面に伝播してくる、華中で事件がおこれば、これは海軍の関係事項になるので海軍としてはひじょうに迷惑である。

そこで盧溝橋事件は、どうしてもその場かぎりの問題として現地で解決し、絶対に拡大させないで処理してもらいたい、と強く主張しました。近衛首相はじめ賀屋（興宣）蔵相をふくむ全閣僚もこれに賛成同意し、結局、同閣議において現地解決・不拡大方針が決定されました。

三、翌々日、すなわち十一日になって、杉山陸相から、さらにこのさい出兵しなければ、わが駐兵および居留民の安全を保証することができない事態になるかもしれないので、ぜひ相当な兵力の出兵を必要とするという強硬な申し入れがありました。そこで閣議においては、他の全閣僚は駐屯軍および居留民保護のためどうしても必要だとあれば出兵もやむをえないが、出兵しても現地解決・不拡大方針はあくまで堅持する、したがって現地で解決がつきしだい出兵部隊を帰還させること、また出兵衝突が拡大する危険があるので、出兵兵力はできるだけ少なくすることという方針に意見が一致した。こうして、この方針によって、陸軍の出兵に諒解があたえられました。

その後、中国側が各方面から北京にむけて増兵し、また通州において日本人多数が惨殺・掠奪される〔編者注、七月二十九日に通州保安隊が叛乱し、在留邦人三百三十八名のうち約百八十名が殺される〕などのことがあり、さらに同年八月には中国側が上海において日本側を不法に攻撃するなど、あいついで新事態が続出してきた。そこで政府としても事態にひきずられ、やむをえず軍部の主張である中国における日本の正当な権益を保護するため出兵兵力の増加に反対することができない状況でありました。

その当時、賀屋蔵相はその在任中を通じ、事件費をできるだけ少額にとどめるよう切望し努力していました。現に事態が上海に拡大したときの閣議においても、賀屋氏はなるべく上海に出兵しないよう熱心に再考をもとめたが、当時の情勢上やむをえずとして、ついに閣議において出兵に反対しないことになった、と私の記憶にのこっています。

四、盧溝橋における日中両軍の衝突は、まったく突発事件でありまして、のちに事件が上海に拡大して支那事変と称せられるようになるまでは、不拡大方針のもとに北支事変と呼ばれておりました。第一次近衛内閣の成立いらい、支那事件とかその他の戦争の計画・準備を行なったようなことはもちろんなく、また前内閣からもそのようなことの引継ぎを受けたようなことは、もとよりありません。

五、第一次近衛内閣当時の閣議における報告その他の方法によって、日本軍の中国における残虐行為とか南京虐殺事件などについて、われわれ閣僚になんら知らされたことはない。また当時の新聞にも、そうしたようなことは記載されておらず、そのころ外国から抗議があったという報告は閣議でなされていない。ただ。パネー号およびレディバード号〔編者注、それぞれ米艦および英艦。一九三七年十二月十二日、南京上流の揚子江上にて、わが軍の誤爆または砲撃をうける〕撃沈のことは閣議に報告されました。その報告は、当時の状況からやむをえなかったか、または過失によるものであったとの趣旨であった。この撃沈については、所要の賠償金を支払って米国および英国との間に円満に解決されたと聞いています。

六、支那事変において、その作戦については、いっさい閣議に付議されなかっただけでなく、事前に報告されたことはなかった。南京攻撃に関しても、もちろんそうであった。

原告アメリカ合衆国など対被告荒木貞夫など　供述書

私米内光政は、左記事項の真実であることを、良心をもって宣誓いたします。

私は多年にわたり日本政府に関係を有しておりました。私は林、第一次近衛、平沼、鈴木の各内閣において海軍大臣でありました。昭和十五年（一九四〇年）一月十六日より同年七月二十一日まで、総理大臣でありました。

私の第一次近衛内閣時の海軍大臣就任中、昭和十二年七月七日、中国において盧溝橋事件が突発しました。私は、この事変および各閣議におけるこの事変に関する討議を、よく記憶しております。

陸軍は、なんら内閣よりの権限なくして、また、なんら内閣に通報することなく、そのころ中国において敵対行動を開始しました。杉山元大将が陸相で、閑院宮が参謀総長でした。しかし、閑院宮は非活動で、その職務の重点は次長今井清大将によって代行されました。次官は梅津美治郎、関東軍司令官は植田謙吉大将、関東軍参謀長は東条英機大将でありました。以上の諸官が支那事変突発当時において指導的な地位をしめていました。

私は平沼内閣の期間中、海軍大臣をつとめました。その間に、枢軸諸国家との三国同盟の締結が、主として陸軍大臣の地位をしめていた板垣征四郎大将を通じて、軍閥により強力に主張されました。参謀総長は閑院宮であったが、病弱のため次長今井清大将がその重責をはたしました。教育総監は西尾寿造大将、植田謙吉大将が関東軍司令官、磯谷廉介中将がその参謀長でありました。

平沼首相は、この同盟の締結について、五相会議というものを開きました。これに関し、首相、外相、陸相、蔵相および海相としての私は、なん回となく会合し、この同盟締結を検討するため長時間にわたって協議しました。結局、平沼首相と海相である私はあいともに陸相板垣征四郎大将に対抗し、五相会議において三国同盟の締結反対に決定しました。そのため、板垣陸相とその代表する陸軍のひじょうな不興を買い、平沼首相は昭和十四年八月二十九日内閣とともに辞職しました。

私は昭和十五年一月、日本の首相となり、同年七月二十一日まで在任しました。私の内閣では、畑俊六大将が陸相となりました。閑院宮は参謀総長であったが、はなはだ非活動的でした。参謀次長は沢田茂中将、教育総監は山田乙三大将、陸軍次官は阿南惟幾中将、陸軍省軍務局長は武藤章少将であった。

この武藤少将を通じ、陸軍は私の内閣は世界情勢に対処するその施策を理由として、総辞職すべきであると主張しました。当時、日本における新聞や雑誌などの言論界には、枢軸諸国家と三国同盟の締結を可とする軍国主義的・超国家主義的分子による大扇動がみられていました。

私の内閣は、慎重に協議した結果、三国同盟を締結しないこととした。ここで前記陸相畑俊六大将は私にたいして、

「米内内閣のような軟弱内閣においては、陸相として部下統率ができないので辞職したい」

と申入れました。そこで私は畑大将にたいし、法律と習慣にしたがい、陸軍三長官の他の二名、すなわち、きわめて非活動的で、その公職上の責任は参謀次長沢田茂中将がこれを行なっている参謀総長閑院宮および教育総監山田乙三大将と協議し、陸相の後任者を推薦するよう要請しました。しばらくしたのち、畑大将はふたたび帰って

きて、前記の沢田参謀次長および山田教育総監と協議したいといい、「私の意見では、今日、貴下は陸軍大臣の職を喜んで受諾する他の将官を他に見出さないだろう」ともらしました。彼のいったことは、私が首相である限りそうだ、と意味するものと私は了解しました。こうして、私は総辞職するにいたりました。

私の内閣が崩壊したのは、つぎの五理由によります。

一、当初から、私の内閣にたいする陸軍側の反感。
二、こうした陸軍側の態度は、終始つづいた。
三、七月初頭における、米内私邸にたいする襲撃未遂事件。
四、前記軍務局長武藤章少将の積極的な反対。
五、七月十五日、陸相畑俊六大将の辞表提出。

これを要するに、私の内閣が挂冠するにいたったのは、陸軍および他の軍国主義的かつ侵略的傾向の諸団体によって強制されたものであります。

米内光政

上記米内光政は一九四六年（昭和二十一年）六月十六日、陸軍省ビル内にて……。

〔編者注〕 米内が、その内閣崩壊の理由としてあげた第三項目は「七・五事件」といわれ、前田虎雄と影山正治を主謀者とする三十人の極右による要人暗殺を企図したものである。

さきの神兵隊事件（昭和八年七月、民間右翼が企てたクーデター未遂事件）に連坐した前田と影山は、米内内閣を目して、「維新阻止の最終的反動内閣」となした。かれらはドイツの勝利による国際情勢の変化などに刺激され、米内内閣をめぐる一連の現状維持勢力に一撃を加える「回天維新の神機が到来した」と判断する。そこで、かれらは第一の襲撃目標、米内首相などを暗殺することとした。だが、治安当局は、暴徒の計画を事前に察知し、まさに襲撃行動にうつろうとしたとき、かれらを一網打尽に検挙した。

小磯国昭の米内光政あて書簡

昭和二十一年九月二十六日

小磯国昭

米内光政閣下

粛啓　益々御清栄、国家再建前途の為至慶賀候

陳者　今次国際軍事裁判即日独関係問題に関連し、当時の独大使オットー氏が小生との会談に際し、小生より質問せし事に関し歪曲せる情報を独本国に電報し居る事に基き裁判の一問題と相成居候事情、新聞紙上にて既に御承知のことと存候。貴台が万一検察団側の証人として御出席等の為め、左記の点御回想置被下度以書中御願申上候

左記

一、小磯とオットーとの面会動機

徳川義和（義親侯の長男にて当時拓務省嘱託）の仲介にてオットーよりの面会申込に応じ、拓相〔編者注、小磯自身のこと〕は個人として徳川の親戚某の応接室にて徳川義和を通訳として面会す（日時明瞭ならざるも昭和十五年六月ならん）

二、面会前、米内総理と有田外相に対し小磯連絡

小磯は首相及外相に対し

オットーより面会申込あり、何を話さんとするものなりや面会の上にて之を聴取し報告せんとす、と連絡、認承を得て面会す

三、面会後、小磯の首相及外相に対せし報告

オットーの話は日独同盟の勧誘なりき。研究する旨応酬しおけり。尚太平洋南方地域に対するドイツの関心如何を質問せしに、ドイツは関心を有せざる旨答弁し居れり（当時南方は印度支那に関し述べたることなし）との報告を首相及び外相に呈せり

（参考）

1、平沼内閣の末期、日独同盟問題に関連し陸海軍意見対立の際、小生は陸軍次官に対し書状を以て

日独同盟は徒らにドイツの利益に利用せらるるに止まるべきに付見合すを可とす

との勧告を呈せる事実は、当時の軍事課長岩畔豪雄が其の消息を承知しあり。貴台は承知しありや否や、参考迄に付記す

2、オットーより対支顧問及び軍需品補充を禁絶し、また満州国を承認して日本に寄与するところ大なるに拘らず、日本は何もドイツに酬ゆる所なきにあらずやとの不足的発言ありしに対し、余は

ソ連はドイツと目下不可侵条約を締結しあるも、ドイツに対し北方の脅威たるを失はず。この時にあたり、日本が日満防衛の為め満州に駐兵しあるは、極東ソ

連軍を西伯利亜《シベリア》に牽制し置き、間接にドイツへの脅威を軽減しあるは日本の対独寄与の一端ならずや

と応酬せり。この事は当時貴台に報告せしや否や記憶になきを以て併せて付記す

口供書の部分的説明の覚

一、小磯内閣の海相であったことの記事がないのは、それについて尋問されなかったので答えなかっただけである。小磯内閣のほか東久邇宮、幣原両内閣にも海相としてつとめた。公表された閣員名簿を見ればわかることである。

超国家主義

超国家主義とか極端国家主義とかいうものは、わが国の敗戦後、わが国にたいし連合国によってとなえられた、むしろ通俗的な漠然とした呼称である。それは、近代国家に共通する国家主義により、内在的衝動の点であまりに強度であり、または、その発現方法があまりに露骨であるので、質的にみて近代国家に共通する国家主義とひじょうに相違する性格をもっていたということであり、この法廷でしばしば引

用された言葉である。

二、国軍をうごかし兵力を行使するためには、廟議の決定をまたねばならない。この意味において、内閣の権限は軍におよぶ。事前に政府においてなんら関知することなく、または、なんらの前兆もなく地震のように突如として兵力を行使しなければならないようなことは、一般に想像できないことである。

○昭和十五年（一九四〇年）一月十六日、内閣総理大臣に任ぜられ、同年七月二十二日に願いによって本官を免ぜられた。

○組閣の当日、私にたいする陸軍側の感情は、おだやかでないものがあった。こうした感情は、組閣後もつづいたと思われた。

〔編者注〕 陸軍大将ならぬ海軍大将に、畑俊六ならぬ米内光政に組閣の大命が降下（昭和十五年一月十四日）したとき、「海軍の陰謀にしてやられた」と地団駄ふんでくやしがった武藤章（陸軍省軍務局長）は、――いや、陸軍は、その憤懣を米内に向けるのであった。こうして、陸軍の倒閣運動のきざしは、はやくも米内内閣成立（一月十六日）前後から看取された。内大臣木戸幸一は、

「一月十五日 山口恭右氏来訪、陸軍方面陸相への優諚に関し面白からざる空気

ある旨話あり。

一月十七日　山口恭右氏来訪、新内閣に対し陸軍並に右翼方面の動向は必ずしも楽観を許さざる旨話ありたり」

と日記に書きとめている。なお、この「優諚」は、陸軍の態度を心配していた天皇の、「新内閣に協力してやれ」とのお言葉をいう。

○七月初旬、首相私邸襲撃事件（未遂）がおこった。おそらく私に反対する分子が、こうしたことをやって内閣の打倒をもくろんだものと思う。この事件は事前に発覚して実行にいたらなかった。

○七月中旬、陸軍省軍務局長武藤章は、首相官邸に内閣書記官長をたずね、こうした弱い性格の内閣では内外情勢の急激な変化に対応できるとは思われないから、よろしく近衛文麿公にあけわたすべきである、と提言した。

○七月五、六日ごろ、当時の陸相畑俊六は、部下を統制することができないという理由で辞職を申し出た。押問答のすえ、陸軍は三長官会議の結果、いまのところ出すべき陸軍大臣はないといって推薦しなかったため、内閣は崩壊のやむなきに立ちいたった。

○米内内閣における対内・外主要政策の骨子はつぎのとおり。

(イ)対内

近衛公の提唱した国内新体制とかいうようなものには絶対に反対であり、あくまでも立憲的に行動することとした。

(ロ)対外

○昭和十四年（一九三九年）末以降、国内においては欧州の情勢に刺激されて米英を対象とする三国同盟の議が台頭してきたが、これには絶対に反対した。

○中国問題を解決する。

○欧州戦争の渦中にまきこまれることを避けて静観の態度をとり、みだりに妄動しない。

三国同盟反対の理由

一、あくまで自由の立場にたち、わけのわからぬ強がりをいわず、他人の褌で相撲をとるような依頼心をおさえ、欧州戦争の渦中にまきこまれることなく、静観の態度をとって妄動しないことは世界平和のためであり日本の将来のためにもよろしいこと。

二、在独二年半の経験と研究によって、ドイツと提携すること（とくに中国問題につき提携すること）は危険であることを知った。ドイツのやり方は、時と実力を考慮することなく、強気一点ばりで、いわゆる欧州の新秩序とやらをヒトラー一代に完成しようとしたこと。（これはヒトラーの『マインカンプ〔わが闘争〕』を読んで、つくづく感得した）

米内内閣倒壊の事情

米内内閣の総辞職は、畑俊六陸相の辞意申出が導因であった。

当時の政府部内の実情は、閣議における諸案件の審議にあたって陸相から格別の異見が出たこともなく、また、閣僚間の折合いもよろしく、内閣はなんらのことなく政務に専念していた。ところが、ある日のこと、畑陸相は米内首相に面会し、「この内閣とは意見があわない」といって、突然、辞意を申出た。首相から理由をただしたが要領をえないし、慰撫しても辞意をひるがえさない。

そこで、首相はやむをえず陸軍に後任者の推薦をもとめた。しかし、就任を受諾するものがいない、という口実によって応じない。このように陸相の後任がえられなかったので、米内内閣は総辞職を余儀なくされたのであった。

このように、倒閣の策動の中心が陸軍部内にあったことは公然の秘密であり、畑陸相が辞意を決した理由を説明できなかったのも、陸軍部内から強要された証左とみられる。

近衛公の覚書には、「余が昭和十五年七月、第二次近衛内閣組織の大命を拝したときは、反米英熱と日独伊三国同盟締結の要望が、陸軍を中心として一部国民間にはまさに沸騰点に達した時であったのである」と記述されている。

建川（美次）陸軍中将の直話によれば、（米内内閣の）倒閣運動は同中将らが白鳥（敏夫）前駐伊大使たちとともに近衛・松岡（洋右）一派と通謀しておこしたものだと。佐藤（尚武）大使を使節としてイタリアに特派し、その帰途ドイツに立寄らせたので同国政府の感情を害したことを、米内内閣の失政の一事例としてかぞえたという。

要するに、米内内閣の対ドイツ態度が冷淡であるということが、その攻撃の重点であった。その当時、海軍出身の首班をいただく内閣にたいする陸軍の不満、とりわけ平沼内閣の海相として板垣陸相の日独伊三国条約の提議に反対した米内大将にたいする陸軍の反感が、政変の真因としてつたえられたが、いずれにしても、倒閣運動が陸軍部内親独派の策謀によることは疑いの余地がない。

〔編者注〕　米内はこうした口供書を提出しているが、戦争犯罪者として指定されるであろうことを、彼はつとに覚悟していたようだ。米内の知友・真藤慎太郎のことばは、これを明証している。

「終戦直後、三田の綱町に仮寓されて居られた時のある朝、私が（米内さんを）伺いました処二階の書斎に通された。待っていると間もなく上って来られ、イキなり袋戸棚をあけて、真藤君、と言って無言で指さされた方を見ると、ズックの布団袋に毛布などが入っているので、ハハア、これはまさしく巣鴨行（注、連合軍のスガモ・プリズンに抑留される意）の支度だなと直感したのでありましたが、米内さんは『既に準備完了さ』と一言いわれましたので、私はただ『御立派であります』と答えた。……」（『米内光政追想録』）

米内海相口述覚書

米内大臣内話　二〇・四・七（小磯内閣の総辞職）

小磯（国昭首相）が辞職（注、昭和二十年四月五日）した真相はこうだ。

小磯が重慶の密使と称する繆斌《みょうひん》という者をひきよせて内密に工作しつつあった。たまたま天皇から海相（米内光政）、陸相（杉山元）および外相（重光葵）にたいし御下問があり、いずれも「あれは駄目と思います」という意味のことを答えた。

そこで四月四日、天皇は総理を召され、ほかの閣僚はいずれも不同意であるのに、かれ（繆）をどうするのかとの御下問があり、小磯はかれを帰国させるようにとりはからいますと答えたものの、御信任がすでにかたむいたことを直観した。

なお、これよりさき、杉山、畑の転出にともない、杉山陸相の更迭をねらい、小磯は現役に復帰して陸相兼任の希望を表示したところ、陸軍三長官会議の結果、これを拒否され、いよいよ厭気がさしてきた。

〔編者注〕「これよりさき」はレイテ作戦（十九年十月）後のことで、陸軍部内に陸相更迭論がたかまった。これを知った小磯首相は、その機会をとらえた。かれは、阿南（惟幾）に陸軍次官のまま国務大臣を兼任させ、みずから現役にもどって陸相を兼ねる案を考えて陸軍の賛成をもとめた。しかし、それは陸軍の拒否にあい、内閣の崩壊を早める結果となった。

もともと彼が現役に復帰して統帥にもあずかることを希望したのは、「統帥をはなれて政治なし」という小磯首相の組閣第一声を具現すべく、国務と統帥の緊密な一致によって、秋の陽の釣瓶おとしにもたとえられる憂色の濃い戦局に対応するためだった。だが、もとより陸軍は承知しない。この希望と陸軍の主張を妥協させたのが最高戦争指導会議である。しかし実質的には、それは従来の政府・大本営連絡会議を一歩も出なかった。

小磯は、大本営会議に列せられたことを非常に喜んでいたが、二、三回列席してみたところ、戦況説明のほかには何もなく、まったく当てはずれで意外の気持のようであった。

海相は小磯に招かれて相談をもちかけられ、辞めようと思うがどうだろうか、ということにたいして、「潮時と思うので賛成する」と答えた。

その夜、小磯より内大臣（木戸幸一）にもちだしたところ、いまごろ持ちこまれては困るという話だったので、あくる五日に持ちこし、辞表を捧呈することになった。

なお、繆斌という人物をもちこんだのは、小磯と同期（陸士十二期）の某（山懸）予備役大佐ともつたえられる。

二〇・五・一四　大臣室（陸軍の内情など）

一、陸軍はこのごろ、戦局にたいする自信をうしなってきている、とみている。というのは、陸軍はソ連の出方をひじょうに恐れて、
(イ) 日ソ中立条約を延長し、
(ロ) ソ連に和平斡旋を依頼し、
(ハ) 大東亜戦争の終結を望んでいる。
その意味することは、こんどの戦争にたいする自信がなくなっているためと想像する。だが、かれらは口に出してはいわない。とくに梅津（美治郎参謀総長）は判然としない。

「陸軍は大臣（米内）の発言にのってくるという様子はみえませんか」

という高木惣吉の質問にたいして、

「そうした様子はみえない。口に出してはいえないようだ」

と答えた。

二、「陸軍の出方としては、海軍が弱音をはくからやむをえないというように、責任を海軍にきせ汚名を転嫁することがありうると思う。しかし、それは大局上から場合によっては、海軍がよい子になるとか陸軍がよい子になるとかいうことは、超然として考えなければならないと思うが、どうかネ?」

という米内大臣の発言にたいして、高木はこう答えた。

「国を救うためには、海軍はよろこんで汚名をこうむるべきでありましょう。ただ、陸軍の従来の習性からみますれば、下から上を動かすのが例でありますが、中堅級では判然と戦争の自信はないといっておりますので、こうしたところから陸軍の首脳を動かすのも、この際ですからやむをえないかと思います」

大事な問題になればなるほど、責任者が決めて下にしたがわせねばならぬと思う。下から動かされるというのでは逆だネ。

「まさに、その通りでありますネ。しかし、陸軍の伝統もあることですから、目的を達すれば陸軍のしきたりに従ってやるのも一案ではないでしょうか」

と高木はいった。

三、いま、総理・陸海軍両大臣・両総長・外務大臣が集まって相談しているが、その席上、あちらこちらから沖縄戦局の見通しなどを、ぽつりぽつり話して突っついてみるが、陸軍はなかなか口を割らない。きょう（五月十四日）も会うことになっている。

自分の考えでは、局部局部の武勇伝はたくさんできる。それは日本人が勇敢であったということを歴史にのこすことにはなるが、戦争の勝利を獲得することにはならないと思う。これは○○（次官多田武雄）にも○○（軍務局長保科善四郎）にも話していないことだから、君かぎり連絡上の参考にしておいてもらいたい。

四、吉田（茂）はその（近衛文麿の）上奏案の写しに註をいれていたらしい。その註が問題となり、その上、取調べのとき陸軍の従来のやり方の悪かったこと、間違っていたことを忌憚なく論破したということが、かれこれ問題をひきおこしたらしい。

〔編者注〕昭和二十年二月十三日夜のことだった。近衛公が平河町の私（吉田）を訪ねて来た。……翌日拝謁の際に捧呈する内奏文の草稿を示してくれたが、それは「敗戦は遺憾ながら最早必至と存候。以下この前提の下に申述べ候」ということに始まり、その理由を詳述し、さらに次の如く敗戦後の共産革命に論及したものであった。

「敗戦はわが国体の瑕瑾たるべきも、従来の世論は今日までのところ国体の変革とまで進みおらず、従って敗戦だけならば、国体上さまで憂うる要なしと存候。国体の維持の建前よりも最も憂うべきは、敗戦に伴うて起ることあるべき共産革命に御座候。……」

私は公のこれら意見には全く賛成であったので、二人して内奏文の補校に努めるとともに、私はその写しをとり、夜の更けるまで語りあった。私が写しをとったのは、これを牧野（伸顕）伯に見せて欲しいという公の希望に従ったものであるが、これが憲兵隊に捕われる証拠品の一つになろうとは、夢にも考えなかった。

（吉田茂『回想十年　第一巻』）

大磯からは野村（駿吉）という人が連絡に来て、原田君（熊雄）の消息などを伝えてくれている。かれは山本君（五十六）と親交のあった人である。

〔編者注〕　野村駿吉は山本五十六と同郷の越後の出身であり、山本としたしく、また大のフロ・ネイビーでもあった。

昭和九年、山本五十六が海軍軍縮会議の全権としてロンドンに使いしていたとき、その兄事した無二の親友であり、かれのクラス（海兵三十二期）のトップで海軍の至宝とうたわれた英才・堀悌吉は、海軍の強硬派ににらまれてクビになった。これを知った山本が、

「オレも海軍をやめ、越後にかえって油屋になりたい」

ともらしたとき、その胸中には石油関係の野村駿吉のことをえがいていたと思われる。

ちなみに、米内光政が終戦の翌年、旧部下におされて会長となった「北海道興発株式会社」の設立について、とくに物心両面からの援助を惜しまなかった財界人は野村駿吉その人であった。

なお、旧部下たちが米内を会長におしたのは、かれの恩顧にむくいるとともに、日本を破滅から救ってくれた米内の老後を、いくらかでも面倒をみる――いわれなき金子などを受け取らない米内に若干の〝お小遣い〟を「会長の給料」としてわたす――ことになるだろう、という微意にほかならなかった。

米内海軍大臣内意　二〇・五・一七

一、重慶工作と、重慶経由の工作は、どちらも駄目と思う。私は昨年から、そういう考えをもっていた。対ソ交渉も、なかなかうまく行くまい。また、そのため、いろいろ代償をだすとすれば、その代償がどのような役にたつか、これも疑問である。

二、陸軍大臣とはぜひ二人だけで、とくと懇談してみたいと思っている。二十日に陸相の帰京後、すみやかに会う考えでいる。

三、外務大臣（東郷茂徳）との会見は、陸軍がせきたてているようだから、あまりこちらからやる必要はあるまい。外務大臣は三段論法で話は条理がたっている。しかし、ハラはあまり無い人のような気がする。

四、陸軍の真意をうちあけさせようと、あらゆる方面から、弱いことをいったり、強いことをいったりするが、どうしてものってこない。極端だが、こうしたことまで言った。

「われわれとしては、皇室の擁護ができさえすればよろしい。本土だけになっても、我慢せねばならないのではないか」

だが陸軍は、なかなかハッキリといわない。これは外にもれると容易ならぬことになると思っている。また、つぎのようなこともいった。

「対ソ工作も、結局するところ、米英との仲介の労をソ連にとらせて、大東亜戦争を終結させることに最後はなると思うが」

そうしたら、梅津（美治郎参謀総長）は「その通りだ」といった。これは、だいぶやわらかくなってきたと思った。（十四日の会談）

五、ソ連に代償を支払い、むろん米英にも代償を出すとすれば、なにが残るか。研究するように。

米内海軍大臣談　二〇・五・二二

一、きょう（二十二日）午後零時三十分より、総理、陸・海軍の両大臣と両総長、外相が閣議後に会同して、例の三問題について話しあった。陸軍大臣（阿南惟幾）の話はすこしあまくて、本土決戦をやりたいような口振りであったが、ほんとうの考えはどうかネ。

三つの問題というのは、

イ　日ソ中立条約の延長〔編者注、昭和二十一年四月十二日まで有効〕

ロ　ソ連の好意的中立

ハ　ソ連による和平斡旋

である。

私は、第三を抜きにして第一、第二で行ったらどうか、話のすすみ具合で第三に行ったら、と思う。

もともと、対ソ問題を考えるときは、土産を持って行かねばならない。ところで、その土産は前記のイ、ロ、ハの問題によってちがう。

イとハでは、かなりの開きがある。また、第三を持ち出すとすれば、大東亜戦争の終結ということであるから、戦争の終結のためには、わが国として何を思い切るかということの肚をきめねばなるまい。このことを言ったところ、東郷外相も（梅津の主張らしい）、

「それは戦局とも関連することだから、いま話をきめることはむずかしいでしょう」

という。肚のない人といくら論議してもしようがないと思って、その話をうちきった。とはいうものの、和平斡旋のためソ連に土産を提供し、さらに戦争終結のためになにを犠牲にするかということは考えておかねばならない。

二、ほかの人がいるところで話をするのと、二人きりで話すときとでは、かなりちがったことになる。大勢のまえだと、とかく議場心理とでもいうものが作用することはある。したがって、大勢いるところだと、真実の肚があかせない憾みがある。

個人として話をするときと、陸軍として話すときでは、まったく違ってくる。あるいは海軍が弱音をはくとか何とかということを、世間でふれまわされることになると思うが、国を救うためには、それもやむをえないと思っている。（傍点、高木惣吉？）

三、外相自身が（ソ連に）出かけて行くということは、ひじょうに結構である。佐藤（尚武駐ソ大使）はいままで精根をかたむけてきて、帰心矢のごとしというから、そのような人に新たな重大任務をさずけることは無理だと思う。だが、ソ連としては佐藤をひじょうに信用しているようだから、佐藤のいうことなら、そのまま受け取ると考えられる。

松岡（洋右）の意見というものを読んだが、それは誇大妄想のような気がする。

あの男によれば、日ソ問題はきわめて難問題であり、こちらから、かれこれ持ち出すのは不得策であるから、むしろ黙っておれという説で、多少筋があわない。だまっておれば、どうせソ連は独自の方寸によって着々と手を打ってくるのだから、だまって待っているより積極的に出たほうがよいと思う。

松岡は、この問題の処理は自分以外にはない、と信じているようである。かれは思いつきのいいところもあるが、間違った方向をしゃにむに突進する。日独同盟問題のときでも、ドイツと手をにぎればアメリカはひっこむというのが、松岡のかたい信念であった。物事を客観的に判断しないで、自分の主観を絶対に正しいと妄信するから危険である。かれの健康はもどったようだ。

四、吉田茂は出されたそうだね。原田（熊雄）も、あれきりだろう。

吉田の件は、あまりつっつくと近衛（文麿）、牧野（伸顕）などに関連してくるし、憲兵隊でもどうにもならないところにまでおよぶというので出したということだ。それは、陸軍からではなく、ある代議士から聞いた。

〔編者注〕昭和二十年四月中旬、吉田茂は憲兵隊に連行され四十日ほど監禁された。憲兵隊がもっとも知りたがったことは、同年二月十四日、近衛が内奏ののち陛下の御下問にどう答えたか、また内奏前日、吉田は近衛と何を話し、なにを画策したかという点であったらしい。この内奏をめぐって、憲兵隊は吉田のほか原田熊雄や樺山愛輔なども取り調べたという。（吉田茂『回想十年　第一巻』）

五、四月二十三日、近衛が話しにきたとき、すこし私の考えを話しておいた。「なんとかしてもらわなくては、こんなことでは心配でならない」という意味のことをいうから、私の考えをいくらか話した。すると、それを芦田均につたえた。ひとにモノをいうときは、その人に注意していえ、とおしえてくれた者がある。近衛という人は、もとからそうであったが、どうも口がかるくてこまる。ひとには、うかつに口もきけないョ。

米内大臣談　二〇・五・三一　一四二五（午後二時十五分）

一、昨三十日、臨時議会を召集する可否について、鈴木総理および阿南陸相と懇談した。

自分の考えでは、臨時議会を召集するということは、政府としてこんどの戦争にたいする見通しがはっきりつき、これにたいしてどう処置するかという肚がはっきりきまっていなければ、その意味がないと思っている。

もし戦災などについて緊急に措置せねばならない法律案などがあるならば、それは憲法第三十一条を広義に解釈して緊急勅令などによって措置できると思う。そういうものの、これは学者でないから研究を必要とする。

〔編者注〕明治憲法第三十一条

本章（編者注、第二章　国民ノ権利義務）ニ掲ケタル条規ハ戦時又ハ国家事変ノ場合ニ於テ天皇大権ノ施行ヲ妨クルコトナシ

ただ漫然と議会を召集することはどうかと思うとのべ、

「総理と陸相は、どのように考えるか」

とただしたところ、両相とも戦争をトコトンまで遂行する決意であるという。トコトンまでやるのはいいが、そんなことをして皇位・皇統がまもれるか、国体が護持できるかどうか、それでは策も略もない話だと思うが——。

首相と陸相の主張は、

「トコトンまでやることによってのみ、皇位も皇統もそこなわれず、国体も護持できるし、また、そこまでやらなくてもすむことになる」

というのである。そこで海相から、

「それでは、さらに研究してもらう必要があると思うが、臨時議会でそういう決意をのべるつもりなのか」

とたずねたところ、

「それ以外に方法はないだろう」

という。

「総理がその決意ならば致し方ないが、いまいちおう考えていただきたい」

米内はこういって早々にひきあげた。（この話のあと、米内海相は辞意を表明した。阿南陸相らが心配して引き留め工作をやり、海相も考えなおして内閣にとどまる決心をする）

〔編者注〕　昭和二十年六月八日に第八十七回臨時帝国議会が召集される。

二、陸軍は、ソ連の兵力移動をみて、一時は逆上気味であったが、最近また楽観的報告がきているらしく、にわかにまた強気になっているようである。

きょうは、別の方向から話をすすめるつもりである。すなわち、左近司（政三）、安井（藤治）、下村（宏）三国務相および阿南陸相（陸海両相が同意ならば鈴木総理も）と午後三時から懇談する。

三、ソ連には広田（弘毅元首相）を出す案で研究中である。

〔編者注〕広田は、そのころ有数のソ連通だった。かれは海外に出たくないが、日本にあってソ連関係事項の処理にあたってもよろしい意向だったので、駐日ソ連大使マリクと会談することとなる。

四、この問題（和平促進のこと）を、放棄したわけではない。みながトコトンまでやるといったところで、わたしは機会をとらえて提案を推進したいと考えている。六人の会合〈注、最高戦争指導会議構成員〈首、陸、海、外四相と陸海両総長〉の?〉も、いまのところ、やってもつまらないと思っている。（第一、第二案と、だれを出すかの点だけでも、すすめてはどうかと進言しておいた）

五、近衛君とはきのう（五月三十日）会って話を聞いた。（芦田均について）

対ソ（英）交渉案に対する海軍大臣の意見　二〇・六・四

一、この案でよかろう。
二、広田が行くことを承諾した。
三、使命
(a)　中立条約の延長
(b)　できれば好意的中立の確保

六月六日の最高戦争指導会議次第（予定）

一、参列者
最高戦争指導会議構成員、同幹事、軍需大臣（豊田貞次郎）、農商大臣（石黒忠篤）
二、次第
○計画局長官　国力現状の説明
○外務大臣　国際情勢の説明

○陸海両統帥部　敵情判断
○フリートーキング
○幹事はまとまった問題を整理する
三、七日　総理と重臣の懇談
四、八日　御前会議（出席は構成員のみ）

〔編者注〕いまや政府も沖縄を失った後（六月十二日、日本沖縄守備軍よりの通信絶える）のことを真剣にとりあげねばならなくなり、六月六日に最高戦争会議を開いてこれをはかり、八日に御前会議で決定するはこびとなった。

ここに持ちだされた戦争指導基本要綱なるものは、臨時議会で公表をよぎなくされる、政府の腹案をきめるという表面の理由であったが、その狙いは、国民の戦意をたかめるという名目を使って、本土決戦にむりやり引ずって行こうという謀略的のものであった。だから事前に外相に知らせなかったのは当然のことだが、米内麾下の事務当局が、この狙いに気付かず漫然と尻馬に乗って行ったことは、筆者は心外に堪えなかった。（高木惣吉『終戦覚書』）

事前に知らされなかった外相は、

「六月六日に最高戦争会議が開催せられると突然の通知があった。出席してみると戦争遂行の根本方針を決定するために開催したとのことで大いに驚いた。ことに自分とはなんらの打合せもなく幹事から国際事情の説明まであったので、自分は終了後厳重なる警告を与えた」

と書いている。（東郷茂徳『時代の一面』）

六月八日の御前会議は、米内がしめした予定の構成員のほか平沼（騏一郎）枢府議長が出席した。

この会議で報告された国力の現状は、戦争継続の不可能なことをしめさない一項もなく、また世界情勢判断も希望をつなげる客観的要素の一つもないことを告白していた。にもかかわらず、その判決はどうだったか。いつものように、現実を直視しない乱暴にして矛盾きわまるものであった。

「国力の現状」は、

「国力ノ現状以上ノ如ク加エ敵ノ空襲激化ニ伴イ物的国力ノ充実極メテ困難ナル状況ニアリト雖モ之ガ最大ノ隘路ハ生産意慾並敢闘精神ノ不足ト国力ノ戦力化ニ関スル具体的施策ノ不徹底ナルトニ存ス

之ガ為国民ノ戦意特ニ皇国伝統ノ忠誠心ヲ遺憾ナク発揮セシムルト共ニ戦争遂

行ニ必要ナル最少限ノ戦力維持ヲ可能ナラシムル如ク八、九月頃迄ニ完了セシムルコトヲ目途トシ強力ナル各種具体的施策ヲ講ズルノ要アリ」(『終戦への決断』)

と、また「世界情勢判断」は、

「(前略)帝国は牢固たる決意の下、必勝の闘魂を堅持し、皇国伝統の忠誠心を遺憾なく発揮し、速かに政戦略施策を断行し、もって戦勝の神機を捕捉するに遺憾なからしむるを要す」

と、それぞれ判決している。さらに、「今後採るべき戦争指導の基本大綱」の「方針」は、

「七生尽忠の信念を源力とし、地の利、人の和をもって飽くまで戦争を完遂し、もって国体を護持し、皇土を保衛し、征戦目的の達成を期す」

といった調子だった。八千万の運命を定める最後の土壇場に、この人達は空疎な形容詞の陳列をもって、みずからの身心を寝かしつけたものとしか思えない。

(高木惣吉の前掲書)

米内大臣口述　二〇・六・一四朝

一、内府（木戸幸一）に会って、いろいろ話し合ったが、このさいA（陸軍）B（海軍）からきりださせることは無理だ、政治家が悪者になるべきだとの言葉があったが、その政治家とは自分（木戸）のことだということがわかった。（昨十三日の会談で）

〔編者注〕米内は木戸をたずねて、今後の方針を相談した。すると木戸は、「本土決戦を呼号して大軍を編成し、約束手形を濫発した手前、いまさら転換とか、決戦の正直な見透しとかを言明することは、陸軍の面子上できますまい。こんなときには政治家が悪者になる外なく、私はいつもその決心でいるが、それには責任ある首脳部にその素地の出来上ってくれることが必要で、やるならばその時機がよろしい」と思う旨をもらした。（高木の前掲書）

最近、梅津（美治郎参謀総長）が拝謁したとき、かなり悲観的なことを奏上したらしい。そこでお上（天皇）は、あの国力判断と梅津の奏上によって、このさい名誉ある……（数字欠）は考慮すべき時機だとお考えになられたらしい。

統帥部は、あの国力判断で戦さができると思っているのか、と仰せられた由。

梅津は、お言葉でもちょうだいしたかったらしい。

僕（米内）の考えでは、まことに怪しからぬことだが。

二、高松宮（宣仁親王）のことを内奏したとき、

「高松宮は神経過敏だから、中央に転職させてよろしいかネ」

との御下問にたいして、

「こんどは高木（惣吉）が付いておりますので、ご心配はありません」

と僕は申し上げておいた。

〔編者注〕海軍大佐の皇弟高松宮は、昭和十九年八月以来、海軍砲術学校（横須賀）教頭であったが、二十年六月、軍令部出仕に補された。

三、緊急措置法修正にたいする政府の態度決定のとき、修正案にかたむくようなら自分は辞めると強くいった。

だが（閣議か懇談会か確かめた上）、きのう（十三日）から考え方をかえたから心配しなくてもいい。もしウワサが耳にはいったら、打ち消してくれ。阿南（陸相）が左近司（政三国務相）のところに手紙を書いてよこしたらしい。僕が辞めて内閣が行き詰まりはしないかと心配したらしい。

〔編者注〕左近司政三は『米内光政追想録』の中に「米内海相と阿南陸相」と題して、こう書いている。

「（前略）回顧すれば昭和二十年鈴木終戦内閣は、臨時議会を召集して、戦局緊迫の情勢に即応する諸般の非常対策を上議したが、議会の形勢は紛乱を極め、事態の急迫を余所《よそ》に、唯徒らに頑迷激越横議猖獗をさらけ出して止まるところを知らない。これに業《ごう》を煮やした海相米内は、議会に対し、更らに内閣に対して一大覚醒を促がそうとする底意を以て、ひそかに辞意の片鱗を漏らしたことがある。この際米内に逃げられては一大事と、最も真剣に彼の飜意を求めたのは、誰あろう阿南陸相であった」

このように、阿南陸相の配慮によって、米内海相は辞任を思い止まったように記述した著書もあるが、それは事実でないという。高木惣吉は『私観太平洋戦争』のなかに、「米内海相が辞意をひるがえした真相はこうである」とつぎのように書いている。

「宮城、大宮御所炎上の責任もあり、任期も相当長くなっていて、松平恒雄宮内大臣が辞意を述べられたことに関し、海相は六月二日に木戸内大臣から意見を徴された。そのとき米内海相から『戦争指導に関して総理や陸相といろいろ懇談を重ねたが意見一致を見るにいたらないが、どうしたものか』という主旨の相談があった。

これに対し木戸内府は『陸軍が本土決戦を呼号して大軍を編成し、国民に声明した手前から、国策の転換とか、本土決戦に対する見通しについて正面から腹を割ることは無理であろう。従ってこういう際は、政治家が悪者となる必要がある。私自身はいつでも悪者となる決心がある。それについては、政府首脳にその素地ができた時機がよろしかろう云々』と説いて、慶喜公が強硬論を押えて恭順をとられた史例を引用された（六月八日松平内大臣秘書官長連絡）。

さらに十四日朝、海相に面会したら珍しく上機嫌の米内大将は、『昨日内府と会っていろいろ話合ったが、この際、陸・海軍から切り出させることは無理だろう。政治家が悪者になるべきだとの言葉があったが、その政治家とは、内府ご自身のことらしい。陛下は八日の国力判断と、最近梅津が大連会議から帰っての奏上（注、在満支兵力は総計して米の八個師団分くらい、弾薬保有量一会戦分よりない云々）から、和平を考えなければならぬ時機になった、とお考えになられたらしい。あの国力判断で、統帥部は戦さができると思っているのか、と尋ねられたそうだ。私は昨日から、辞めるという考えを変えたから心配しなくてもいい、もしウワサが耳に入ったら打消してくれ（中略）。阿南が左近司のところに手紙を書いてよこしたらしい。私が辞めて内閣が行詰ることを心配しているらしい』
という打明け話をされた」

四、スイス電にたいする大臣の考

これは謀略の疑いがある。ダレスが本国（アメリカ）に打電したらしいということだから、その返事が来るのを待っても遅くはない。

〔編者注〕当時、海軍省軍務局長であった保科善四郎は『大東亜戦争秘史』のなかで、この失われた和平工作について書いている。

「（前略）それはスイス駐在海軍武官の藤村義朗中佐が、米国政府の諜報員アレン・ダレスとの間に日米単独講和推進の話し合いをしたという海軍省への電報報告である。六月二十五日のことで、スイス駐在の笠信太郎氏（朝日新聞特派員）の協力を得て秘かに工作を進めたというものである。（中略）これは『原則としてソ連が対日参戦をする前、米国は日本と単独講和を行ないたい』というもので、その条件は、

(イ) 天皇制は存続させる
(ロ) 内南洋の委任統治領も現状維持で認める
(ハ) 和平会議には大臣、大将級の人物例えば野村吉三郎海軍大将を全権大使として派米させる
(ニ) 野村大将用飛行機は米国が提供する

といった内容の提案であった。

私はまず米内海軍大臣にたいして、『私はこれを全面的に受入れた方がよいと考えます。かりに先方から欺《あざむ》かれるようなことになっても、実情を明かにすればかえって士気は昂揚し、決してマイナスにはならないと思います』と私の判断を申したところ大臣は賛成され、ついで豊田軍令部総長も同意され

た。そこで最後に陸軍の吉積軍務局長に連絡したところ、陸軍側の意向は、『どうせイタリアのバドリオ政権がやられたと同じ目にあわされるのが関の山だから、同意できない』ということだった。私はなんとか陸軍の同意をとりつけるため奔走したが、遂に翻意させることができなかった。……

私はこれこそ最後の好機であると確信し、米内大臣の命を受けて自ら外務省に東郷外相を訪ね……『海軍が全面的に支持するから、外務省が主体となって進めなさい』と強く進言した。……しかし外務省も、どうしてもこの工作の見透しをたてるのに熱が入らない。……ついに六月二十二日、大臣の名で親展電報が藤村のもとに到着し、藤村の和平工作は不成功のうちに幕をとじた。

『貴趣旨はよくわかった。一件書類は外務大臣の方へ廻したから、貴官は所在の公使その他と緊密に提携して善処されたい』（下略）」

五、木戸（幸一）内府は、ソ連を仲介とするばあい、直接米国に呼びかけるほうが、英国に呼びかけるよりもよろしいと考えているようである。

英国を相手にしていては、ドイツが最後の段階にソ連を抜きにして英国に呼びかけて失敗した轍をふむおそれがある、とみているようだ。

六、内府が自分で総理と陸相に話すといっていたので、その様子をみるつもりでいる。

七、議会が終わったあと外務大臣に会ったとき、僕は第三項〔編者注、ソ連を仲介とする和平工作〕をもちだす時機ではないかといったところ、やはり時機は尚早だといった。二重人格では何ともならぬ、といっていた。

八、高木（惣吉）は、つぎの諸点を大臣に進言した。

イ　転換問題については、内府と鈴木首相、阿南陸相との話がすすみ、または情勢が変化するまで見合わされるのがよいと思う。

ロ　阿南陸相と梅津参謀総長は、衮竜《こんりょう》の袖にかくれて〔編者注、天子の威徳の下にかくれて自分勝手なことをする〕、あるいは御言葉をいただいて責任を免れようとする疑いがある。

ハ　鈴木内閣に真に転換救国の決意がないならば、大臣はしばらく責任の地位を去られて待機の位置にうつられることも一法かと信じる（救国のためには）。

ニ　スイスからの藤村電がホンモノならば、私をつかわしていただけば敵の日本本土上陸ぐらい食い止められるような気がする。

ホ　高松宮のことは、できるかぎり御心配ないよう尽力します。

米内大臣直話　二〇・六・二三　午後三時三十分　於麻布新海相官邸

昨二十二日（金）の午後、最高戦争指導会議構成員だけが宮中に会合、陛下の御親臨があり、つぎの御言葉があった。

「先日（八日）の御前会議において、あくまで本土決戦をやることにきまったのはもっともなことであるが、また戦争の終末をつけることも（一方、時局の収拾についても）考えなければならないと思うが、みなの所見はどうか」

しばらくの間、積極的に発言するものがない。そこで、

「総理の所見はどうか」

との御下問があり、鈴木総理大臣は、

「国力の点よりは困難でありますが、あくまでも戦争完遂に努力せねばなりません。しかし、外交は別個にすすめて行かねばならぬと存じます」と答えたのち、米内にたいし、

「海軍大臣はどう思うか」

と発言をうながした。米内は、こうのべた。

「五月十一日以来、数回にわたって最高戦争指導会議構成員のみの会議を開いてまとめ得ました結論は、

一　ソ連と中立関係を維持すること。

二　できればソ連の好意的中立をとりつけること。

三　ソ連をして大東亜戦争の終結を斡旋させること。

以上の三点であります。当時、米内は第三項の発動はしばらく見合わせたほうが（適当の時期まで保留することが）よろしいとの意見をのべまして、構成員一同の賛同をえたのであります。

しかし、去る八日の御前会議にさきだち、総合計画局長官より国力の現状について説明を聞き、まことに憂慮をふかくいたしまして、もはや第三項を発動することがよろしいと発言いたし、最近の構成員の会議（六月十八日）で賛同をえた次第でございます。（注、このことは総理から内奏していないようである。梅津も総理は先日の会議の結果を奏上しなかったのですね、ともらしていた）

なお、重慶にたいしても右と平行して工作することがよろしいとの意見もございますが、米内は意見を異にするものであります。つまり、蔣介石は米英のために七重八重に束縛されておりまして、今日この束縛をたって米英勢力にたいして、クーデター

を断行するだけの力はないものと思います。また、かつて米英とともにカイロ会談に参列し、その他いろいろな機会に米英と約束を重ねていまして、それをわが方に引きもどすことは到底できないと存ずるのであります。

（注）対中国工作は、阿南（陸相）がすこしその必要があると主張したが、東郷外相も米内と同意見だったので、阿南もそれ以上主張することもできず黙認のかっこうになった。

この日の会議は、まえもって総理から奏請したものでなく、議題も内定されていなかった。ただ「略章を持参せよ」ということであったので、ご親臨になることはほぼ予想された。議題もまた、予想されないことではなかった。

（高木注）六月八日の御前会議をとびこえる、この二十二日の秘密御前会議は、米内、木戸による合作とみなされる六月十四日、私は松平（康昌）内大臣秘書官長を通じて、鈴木総理および陸軍首脳部が現在のような曖昧《あいまい》な態度をもって荏苒《じんぜん》時日をむなしくするならば、米内海相としては態度を変更せられざるをえない立場にあり、状況によっては鈴木内閣にとどまることの困難が生ずべき旨を強調して、内府のすみやかな発動を間接かつ婉曲に促進しておいた。

この日の会議はかなり長時間にわたるだろうと予想していたが、実際はこれに反し、発言したのは自分（米内）と東郷外相だけで他はほとんど時間がかからず、ひじょうに早く入御になった。自分はたえず御気色に心をとめていたが、きのうは非常にご満足のようすで入御された。（午後三時臨御、三時三十五分入御）

入御後、自分は、

「今日のような重大事項は、これをこのままにしておく時は、後日になって、そんなことを言ったとか言わなかったとか、行き違いを生ずるおそれがあるから、書きものにして皆の署名・花押の上、お手許にさしだしてはどうか。外務大臣が、その原案を起草しては、……」

と慫慂《しょうよう》（すすめる）。一同が同意し、外相はこれを引き受けた。また米内が、

「構成員だけの会議のことは次官以下には話していないから、各位もそのつもりでお願いしたい」

とのべたところ、全員が賛意を表明した。

なお重慶に……。米内は記憶によって申し上げておりますので、誤った点があれば訂正してもろうこととといたして、外務大臣から補足し、詳しく申し上げたほうが適当

かと存じます、といって東郷外相に発言をゆずった。

外相は、「ただいま米内海相から申し述べたとおりであります。ここに若干補足いたしますれば」と前置きしたのち、

「ただいまピース・ムーブメントをいたしますことは、早晩、世間にあらわれることを覚悟いたさねばなりません。その結果として、もっとも憂慮されることは、国民の士気に影響し、その結束のみだれることなきやがもっとも考慮されねばならぬ点であると存じます。しかし、もしこの措置が成功しなかった場合には、かえって国民に最後の決意を固めしめることもできると存じます。……」

といった。外相は主として国内におよぼす利害得失を、かれ一流の論理的陳述をもって申し上げたが、敵国側におよぼす影響はのべなかったほうがよかったと思う。

ついで、梅津参謀総長にたいして、

「いまのことに対して、軍部はどう考えるか？」

と陛下からおたずねがあった。

〔編者注〕この軍部とは統帥部の意味で仰せられたのか、という高木惣吉の質問にたいして、米内は「いや、陸軍の意味でお使いになったようだ」と答えた。

梅津参謀総長は、

「海軍大臣がのべました通りでありまして……」

と申し上げ、だいたい外相の利害論のようなことをすこしのべた。

つぎに阿南陸相の意見をもとめられた。

「べつに申し上げることとありません」

〔編者注〕『木戸幸一日記』の六月二十二日のくだりには、つぎのように記されている。

「午後三時、最高戦争指導会議の構成員を御召あり、戦争の終結云々につき思召を御伝へ被遊《（ママ）》る。

午後三時五十分、御召により御文庫にて拝謁、午後三時より御召集に相成たる最高戦争指導会議構成員の会合の模様につき御話ありたり。

先づ陛下より『戦争の指導に就ては曩に御前会議に於て決定を見たるところ、他面戦争の終結に就きても此際従来の観念に囚はるることなく、速に具体的研究を遂げ、之が実現に努せむことを望む』との意味の御言葉あり。右につき首相の意見如何とのお尋ねあり、首相は仰せの通りにて其実現を図らざるべからずと奉答す。次いで米内海相にお尋ねあり、海相は之は外相より御答へ申すべきが至当ならんもと前提し、先日の御前会議には第三項として腹案を有したるが、今日は最早其時期なれば速に着手することを要すと奉答。東郷外相も亦、之を補足して意見を言上す。終りに梅津参謀総長に御尋ねあり、総長は異存なきも、之が実施には慎重を要すと奉答。重ねて慎重を要することは勿論なるも、其の為め時期を失することはなきやとの御質問あり、之に対し総長は速かなるを要すとはっきり奉答せり云々」

余談

一、私（米内）は本当のことをいうと、近衛（文麿）という人をあまり信用していない（口がかるい）。木戸（幸一）は割合にしっかりしている。

二、鈴木さん（首相）は予想より耳が遠く、全貌が聞きとれているかが心配である。聞きとれたところは了解された。疑問のところや腑におちないところを他の閣僚に問いただされていることがないので、私は書きものにするよう提案したのは、一つはその理由だ。議場などで危うく見えたのは、一つはなれておられないからである。〔多田（武雄）海軍次官述〕「天罰」の文句は閣議で削除したが、総理が独断でまた付け加えた。それが問題になったのだ。米内海相の注意をおしきってやり、みな失敗しておられる。

三、下村君（宏・国務大臣（情報局総裁））が、鈴木さんを動かしているということはない。

四、鈴木・木戸・阿南の話し合いは、二十二日の会議前に行なわれたものとみている。

五、中立維持については、すでに佐藤（尚武・駐ソ大使）がモロトフ・ソ連外相から言質をえている。広田（弘毅）は箱根で、ソ連代理大使と数回にわたり会った。第一項（日ソ中立条約の延長）と第二項（ソの好意的中立）は、すでに発動しかけている。

六、外相には二回ほど、みずから出馬するようすすめた。第一回のときは相当難色があった。が、二度目には、行ってもよい様子だった。広田には総理と外相が頼みこんだが、外相自身が出かけるといえば、もともと広田とても好んで行くわけではないから、かれはひっこんだろう。

七、問題は、これからがむずかしいと思う。方針がきまり具体的にどうもっていくかということになると、なかなか容易ではない。いままでは、たいしたことはなかった。しかし、これからが問題である。自分はA（阿南）の下のほうの動きは知らないが、場合によっては二・二六（事件）のようなことがないとはかぎらない。

米内海相との面談要旨　二〇・六・二五（多田次官に報告）

一、六月二十三日（高木は）大臣と会見、内府との会談のもようを質問した。鈴木総理の意図は簡明である。すなわち、決戦〔編者注、戦争遂行？〕はやる、外交もやる。阿南陸相とも会ったらしい。

二、（高木）私見
決戦もやる外交もやるでは不可。
いつ、どうして、やるのか。
いかにしてA（陸軍のこと）を善導するか。
その方策がなければ抽象論。

三、大臣は語った。
梅津（参謀総長）、阿南（陸相）は、やわらかくなった。

いずれ、そのうち表面化するが、幹事も加えず重臣にも秘密にしているので、その内容はいえない。
四、これからが問題だ。
具体的な問題になる。
二・二六のようなことも起こりうる。
Aの下部の動きは知らない。
議会の動きも、その連絡があったのか。
五、対策
研究せよ。
金を使うこともよいが、直接に出してはいけない。

米内大臣直話　二〇・七・九

一、内務省の波紋〔編者注、もめごと?〕は困ったことだ。池田清を内相、町村金五を書記官長にという一部の動きがある。
二、外務大臣はその後あまり話さないが、六月二十二日の（御前）会議の書きものは、まだ作ってこない。

広田はひきつづき（マリクと）会談をやっているが、さらに一歩をすすめた第二項（ソ連の好意的中立）にふれたらしい。先方はひじょうに興味をもって、これを聞いていたらしい。

第一項（日ソ中立条約の延長）は佐藤大使がモロトフ外相から言質をえたというから、おそらく大丈夫だと思う旨の話を東郷（外相）がしていた。

外交技術は、はたで考えるようには、なかなかはかがいかないものらしい。

東郷はテクニックについては、いっさい他人に話さぬらしい。

あまりせきたてない方がよいだろう。

三、今朝もある人が（海相）官邸をたずねて、僕が自決するというウワサがあるから、自重してくれといいにきた。が、僕は自分では死なない。しかし、僕の命が欲しいものがあって、それが御国のためになるのであれば、いつでもくれてやるよ。

じつは、このあいだのことだった。ひじょうに気分がわるく、夜も四回くらい小用に行くから、内緒に軍医学校でみてもらった。そしたら、心臓がひじょうに肥大していて、夜便所に行くのは薄着（毛布一枚）のためらしいとのことだった。昨夜から一回になった。血圧は二百余。

四、石渡（荘太郎）を宮内大臣になってもらったのは、本人にたいして気の毒千万なことである。自分は石渡を友人としてはもっているが、子分としては思ってもおらず交際もない。

ところで、宮相更迭のさい、自分もその候補者の一人だったということを確かな筋から耳にしたが、それは冗談だろうよ。自分には、そんなことがつとまる道理がない、といったことだ。

〔編者注〕石渡は、平沼内閣（米内は海相）のときの蔵相、米内とともに日独伊三国同盟の締結に反対した同憂の士の一人、米内内閣時の書記官長であった。前宮相松平恒雄が辞任した表面上の理由は、五月二十五日の夜、米軍機の空襲によって皇居と大宮御所の一部が炎上した責任を痛感したことによる。

五、御親書のことは、木戸（内府）など下のほうからの意見ではなく、まったく陛下の御発意らしい。それにしても、あせりすぎてもいかないし、適当な時機にだしていただくことに考えられている。

〔編者注〕この親書について『木戸幸一日記』の七月七日のくだりはいう。

「二時、鈴木首相来室、別紙の如き話ありたり。

鈴木首相より

只今御召により御前に伺候したるに、対蘇交渉は其後どうなって居るか、腹を探ぐると云ひても時期を失しては宜しくない故、此際寧ろざっくばらんに仲介を頼むことにしては如何、親書を持ちて特使派遣のことに取運んでは如何との仰せあり。誠に御英断と拝し、謹んで承りたり」

六、昨八日、総理と南（次郎）陸軍大将、総理と阿南陸相および総理と内相（安倍源基）との個別会談があった。きょうは、また総理と内相、総理と南大将の会談によって、結末をつけることになるらしい。結局、南大将の（国民義勇隊中央）協議会長問題と中央事務局案とは、いちおう解消することにする話らしい。

〔編者注〕この「米内大臣直話」の十六日前（二〇・六・二三）に義勇兵役法が公布（十五歳以上六十歳以下の男子、十七歳以上四十歳以下の女子を国民義勇戦闘隊に編成）され、その三日後に国民義勇戦闘隊統率令が公示された。

これに関連し、種村佐孝『大本営機密日誌』の昭和二十年六月二十九日はいう。

「……安倍源基内相が国民義勇隊中央協議会長たるべきが当然である、という阿南陸相の意向がはっきりしたので、この問題は本土決戦準備を促進する上から放置するわけにはいかず、私は独断で……日政会の幹事長を訪れ、陸軍としては南大将が日政会総裁として国民義勇隊中央協会長たることに不同意である旨を、真意を徹底させるため文書をもって申出た……」（傍点編者）

米内海相直話　二〇・七・一二

一、七月十日午後五時、総理、外相、陸相、海相、両総長が首相官邸に参集した。

鈴木首相が、つぎの御言葉をつたえた。

「去る七日（土曜日）急に御召しがあった。陛下より、このさい対ソ工作のため、特使を派遣することを促進してはどうか。外交がうまくいくかどうかはわからないことだが、順調にいけば戦争終結の斡旋をやらせることができ、また、うまくいかなければ、かえって国民の結束をかためて、あくまでも戦争の継続ができることになると思う」

総理は、右のような御言葉にたいし、

「三国会談（ポツダムにおける米英ソ巨頭会議）は七月下旬までかかる見込みですから〔編者注、実際は八月二日に終る〕、その点を考慮いたし、また特使を派遣するといたしますればソ連のアグレマンの問題もあり取り急がなければならぬことと存じますが、よく熟議して奉答いたします」

と答えて退下した。

九日、総理は東郷外相と協議する。

十日、さらに陛下より催促があった。

二、東郷はスローモー（動作が緩慢）である。用心するにしては程度がすぎる。

梅津などはずるくて、なにを考えているのかわからない。

いったい、みなは真剣にこの問題を取り上げているのか疑問である。

このあいだ、じつは陸軍に聞きたかったのだが、そうもいかないので東郷（外相）にたいして、

「いったい、外務大臣は国内情勢をどうみているか、それをうかがいたい。自分は八月なかば以後になれば、じつに容易ならぬ事態となると思っている」

といって六月二十二日の記録をしめし、

「たとえ、あくまで戦争を完遂する覚悟ができたとしても、国力がこれにともなわない事態に立ち到ることを憂慮するものであります。……」

の点をゆびさし、

「ここが問題ですよ、敵の上陸があるか否かは問題でない」

と真剣に強調し、この点について東郷に質問したところ、

「それほど情勢が悪化するとは思っていない」

といっていた。みんなが真面目に考えているのか、さっぱりわからない。

米内海相述懐　二〇・七・二六

一、転換にたいする国民教育をはじめる時期は、いつが適当であるか。

二、近衛（文麿）が宮ノ下（箱根）の富士屋ホテルにおいて、大宴会をひらく予定で食糧を集めているという話だが。

三、マリク（駐日ソ連大使）とちかくしている日本人によれば、広田（弘毅）が特派使節としてでかけると言いだしている。

米内海相所見　二〇・七・二八

一、声明はさきに出したほうに弱味がある。（七月二十六日、対日ポツダム宣言を発表）チャーチルは没落するし、米国は孤立におちいりつつある。

〔編者注〕七月五日に行なわれた英国の総選挙で労働党が勝ち、チャーチルの保守党内閣は総辞職、七月二十七日にアトリーの労働党内閣が成立する。

政府は（ポツダム宣言を）黙殺でいく。あせる必要はない。

〔高木所見〕そうだと思いますが、なぜ総理にくだらないことを言わせたのですか。総理は（ポツダム）宣言については一言もふれないで、ただ新聞や民論によって批判する行き方でないと、かえって弱味をあらわすことになると思います。内閣では軍令部から強硬な横槍がでて困るとこぼしているようですが。

つっついてるのは次長（大西滝治郎中将）かもしれないが、保科（善四郎中将、軍務局長）がなにかいってくれとといっていた。（海軍）部内にも訓示をだしてくれというから、訓示などはいらないと答えた。しかし、ぜひ出してくれといって長文の案を書いてきたから、だいぶ削って半分くらいにして出した。

〔編者注〕七月二十八日、各新聞の朝刊は、ポツダム宣言の取り扱いについて、政府の方針にしたがい、また編集者の論説もつけないで報道した。

こうした中途半端な取り扱いは、軍隊の士気におよぼす影響の見地から、軍部とくに軍令部を刺激した。七月二十八日午前、定例の政府・統帥部の情報交換会議が宮中でひらかれた際、陸海軍の両大臣と両統帥部長は別室で首相と会談して、発表する以上は政府がポツダム宣言に反対の立場にあることを明らかにすべきだと主張した。こうして鈴木首相は、同日午後に予定されていた記者会見において、「私はポツダム宣言はカイロ宣言の焼直しであると思っている。政府としては、なんら重大な価値ありとは考えない。ただ黙殺するだけである。われわれは断固、戦争完遂に邁進するだけである」

といいきった。ニューヨーク・タイムズ紙が三十日の報道で、「日本は連合国の降伏要求の最後通告を正式に拒否した」と第一面にかかげ、スチムソン米陸軍長官がその日記に、「日本の総理は、ポツダム宣言を一顧の価値なしとして拒絶したのだから、宣言をすすんで証明すべきであり、そのためには原爆がもっとも適切な武器である」と書きのこしたのも当然といえば当然である。

二、七月二十一日の外相からの電報は二十五日にモスクワ着、ロゾフスキー・ソ連外務次官に連絡する。

ロゾフスキーが書きものにしてくれといったので、書きものにして提出した。（このことは、二十七日に東京でわかった）

したがって、ソ連側の返事を待って、こちらの措置をきめても遅くはない。

スターリンは（ポツダム会談への）出発前に、日本のきわめて抽象的な申し出しか承知していない。そこで、二十一日の電報によってソ連に特使をさしむけて仲介斡旋を依頼するとはじめて明らかにしたのだから、二十六日のポツダム宣言発表までは、スターリンとしては、あまり深くふれていないものと推測される。

米内海相直話　二〇・八・八

一、八月一日、東郷外相と会談したが、外相は鈴木総理の気持をただしてもらいたい、と言っていた。

「また、いまごろになって、そんな話ですか」

という高木の質問にたいして――。

いや、総理のいうこともわからない。口を開けば、「やれ小牧山とか大阪冬の陣とか」そんなことばかり言っている。先日の閣議でも、

「戦争終末のことを、かれこれいうのは、第一線の将兵に反乱をおこさせるようなものだ。昔から『閫外《こんがい》の将は君命といえども聞かず』ということがある。……」

と言われたから、これは、まるで反乱をそそのかすようなものだ。左近司（政三国務相、海軍中将）を呼んで、

「あんなことを閣議でいわれたのでは困る。ひとつ総理に話してもらいたい」

と注文しておいた。

「総理は国内情勢を、どのように判断しているのですか？」

という高木の質問にたいして――。

まったく聞いていない、わからないネ。

「このさい、内務大臣あたりは、国内情勢について端的に総理に話すべきだと思います。私は九月、十月に国内情勢の急転的な悪化が来ると思っていました。しかし、大臣は八月中旬から悪化するといっておられました。ところで、ここ二、三日来、とりわけ広島空襲（八月六日に原爆投下）以来、ひしひしと各方面の空気が悪くなってきました」

という高木の所見にたいして――。

今月十一日から、東京は米の配給を一割へすのだが、悪いことが重なるネ。

〔編者注〕主食の配給量（一日につき）は、七月十一日から一割減の二合一勺（約三百十七グラム）となったが、大消費都市の東京は輸送機関逼迫のため、さらに削減が検討されたものと思われる。

陸軍大臣は、つよいことばかり言っている。かれは大いに陣頭指揮のつもりでやっているが、ふりかえってみると、だれも後についていなかったということになるおそれがある。

きょう、外相と陸相は会うということだ。

〔編者注〕東郷茂徳（元外相）は一九五〇年一月三十日、こう陳述している。

「……『日本は戦争に敗けていないのだ』という前記阿南（惟幾）陸相の主張は、その後も緩和されなかった。（二十年）六月十八日の最高戦争指導会議でも彼は同じ主張をしたが、更に七月十四日、即ちソ連に近衛使節を派遣する決定がなされた後に、六人が集った席で和平条件の問題が出かかった時も陸相と参謀総長（梅津美治郎）とがそういう主張をした。そんな訳で、私はソ連に仲介を頼みながらも、その条件を具体的に通告することが出来なかった。……」（『終戦への決断』）

あす九日の最高戦争指導会議に、東インド独立をかけるということだが、こうしたこと（茶番劇？）はどうかと思う。だが表向きは、いうわけにもいかないからネ。

「総理が、木戸（幸一）は小人《しょうじん》で君側にあって聖明をおおい奉っている、と言ったとか、いわぬとか、の流言がつたえられていますが、大臣の耳にはいりませんか？」

という高木の質問にたいして――。

総理は私に、総理になったのは、なにをするためかわからない、ともらしたというがネ。
二、「私は、敵のわが本土にたいする上陸が、あるかないか、あるとすれば、それはいつになるか、ということはむしろ問題ではない。このくずれいく国内民心が、問題であると思っています。したがって、外相は敵の本土上陸時期がのびれば、それだけ外交にも余裕ができるようになると考えておられるとすれば、それは重大なくいちがいになると思うのですが」
という高木の所見ののち――。
きのう外相に会ったが、まだ電報はきていないらしい。ところで、スターリンがポツダムから帰国したのは八月五日だし、電報に二、三日かかるので、きょうかあすあたり、なんとかいってくるだろう。あす外相に会うから聞いておく。また、ソ連からなにも返事してこない場合のことも考えておかねばならない。

米内海相直話　二〇・八・一二

一、べつに疲れもしない、心配もしていない。（海軍）部内が分裂することは、私の責任としてまことに重大であるが、しかし悲観もしていない。たいしたことにはならない、と僕はみている。また、たとえ分裂がおこったとしても、それは大局上やむをえないことと覚悟している。国内の実態を知らない者を使嗾《しそう》する輩があったならば四分五裂もおこりうる。だが大観するとき、そうした事態にならなくてすむ、と思ってる。

二、軍令部が先方の放送傍受によって、参謀本部とともに上奏したことは軽率である。

〔編者注〕八月十二日午前零時四十五分ごろ、日本側は連合国側回答（国体問題についての了解付きでポツダム宣言受諾の八月十日電に対する）に関する米国放送を傍受した。陸海軍統帥部は、この放送を検討した結果、即時受諾反対のこととし、梅津参謀総長と豊田軍令部総長は、はやくも十二日午前八時二十分に列立上奏をおこなった。

なにを基礎にして上奏したかと質問したところ、軍令部は答えができなかった。きょうは一時間半ばかり、総長と（大西）次長を呼んで注意した。

私は自分の意見に盲従せよとは言わない。各人はそれぞれ考えがあるのだから、その所信にしたがうのはやむをえない。だが、よく大臣と意見をまじえるべきで、もし私の意見がまちがっておれば、私はこれを改めるのにやぶさかでない。また、私の意見のほうが正しいと思ったならば、私に協力するのが当然である。

御下問に奉答できないような基礎で行動するということは、まことに軽率至極というべきだ。きょう、だんだん詰めよったところ、結局、敵側の条件では統率上まことに困ると思っていたところに放送をきいたので、つい誤ってしまったといっていた。極力善処するといっていたから……。

「もし自信がないという口吻であれば、大臣は温情主義にでられないで、総長と次長を更迭され、小沢（治三郎、連合艦隊司令長官）をおよびになったらよろしいと思います」

という高木の所見ののち――。

進退はいつでも覚悟しているから、という意味のことを言っていたから、「それは君が考えなくてもいい、私が考えることだ」といっておいた。次長（大西滝治郎）にひきずられたのだよ。

次長を呼んで、ウンと叱ってやった。すでに御聖断があったからには絶対であって、どのような困難があろうとも思召にそうよう万全をつくすべきである。

〔編者注〕米内が軍令部の総長と次長に注意したとき、たまたま大臣室に居合わせた保科善四郎（軍務局長）は当時のもようを『終戦への決断』に書いている。

「（前略）もう正午（八月十二日）に間近い頃、大臣が私に、すぐ総長と次長を呼んで来いと言われた。そこで私が二人を呼んで来ると、『君も立ち会っておれ』と大臣に命ぜられた。

私が大臣の側に立っていると、豊田大将と大西中将とが、大臣室に這入って来た。私は長い間、米内大将に接して来たが、この時ほど米内大将が威厳と憤怒とを以て人を迎えたのを見たことがない。総長と次長とを見すえながら非常に強い言葉で大体次のようなことを言われた。

『軍令部の行動はなっておらない。意見があるなら、大臣に直接申し出て来たらよいではないか。最高戦争指導会議に、招かれもせぬのに不謹慎な態度で入って来るなんて言うことは、実にみっともない、そんなことは止めろ』

さすがの剛腹な大西も、ポロポロと涙を流し、首をうなだれた。豊田大将も、硬直したように不動の姿勢であった。米内大将は言葉をつづけた。

『それからまた大臣には何の相談もなく、あんな重大な問題を、陸軍と一緒になって上奏するとは何事か。僕は軍令部のやることにとや角干渉するのではない。併し今度のことは、明らかに一応は、海軍大臣と意見を交えた上でなければ、軍令部といえども勝手に行動すべからざることである。昨日、海軍部内一般に出した訓示は、畢竟（つまるところ）このようなことを戒めたものである。それにも拘らず、斯る振舞いに出たことは不都合千万である』

豊田総長は一言も答えなかった。　併し、誠に済みませんと言いたげな様子に私には見えた。　大西次長は涙を流してお詫びを言った。（後略）」

三、陸相と参謀総長が特別奏上をするというウワサを聞いたから、内府に会って「そんな話を聞いているか」とただしたら、「そのことなら心配はいらない。阿南（陸相）を呼んでたずねたら、陸相は、御聖断は絶対であり、もし陸軍部内において御聖断にたいし不平不満をいうものがあったら、これは許すべからざることで、ただちに叛逆とみなして処断する、と明言したというから。……」

四、とにかく、自分は弱いことになっているそうだョ。

「強い弱いというのは形のことでしょう。国を救うためには、どうすることが第一か、という問題が内容になると思います」

という高木の所見ののち——。

しかし、この大事のために私の命がお役にたつならば、むしろ光栄なこととして喜んでなげ出すョ。

五、この間（八月九日?）の閣議において、総理をさしおいて僭越至極とは思ったけれども、わたしは軍需大臣（豊田貞次郎）と農商大臣（石黒忠篤）にたいして、「両大臣は、国内情勢をどうみているか。きわめて率直なご意見を承りたい。……」

といったら、長たらしく数字をあげて説明してくれた。結局、軍需と農商は見込みがないということになり、また内務は、転換してもなんとか抑えられるということだった。自分は「イエス」か「ノー」かを聞きたかったのだが、かれらの説明は詳しすぎた。

私は、言葉は不適当と思うが、原子爆弾の投下とソ連の（対日）参戦は、ある意味では天佑であると思う。国内情勢によって戦争をやめるということを、出さなくてすむからである。
自分がかねてから時局の収拾を主張してきた理由は、敵の攻撃が恐ろしいのでもないし、原子爆弾とかソ連の参戦でもない。ただ国内情勢の憂慮すべき事態が、その主にほかならない。したがって今日、その国内事情を表面にださないで収拾できるということは、むしろ幸いである。

〔編者注〕
八月六日　B29、広島に原子爆弾投下。
八月八日　ソ連、対日宣戦布告（日本は八月九日の放送で知る）。
八月九日　B29、長崎に原爆投下。

軍令部あたりも、国内のことがわかっていなくて困るよ。

六、先日（木戸）内府に会ったとき、
「問題が軌道にのって仕事が一段落したら、この内閣は引き下がるべきだ」といったら、内府は「反対である」といったョ。

「私も大臣と同意見であります。この内閣は時局の収拾に目鼻をつけることで、その使命はおわると思います」

という高木の所見のあと――。

内府は、私のいった「仕事が一段落した」ということを、理解しなかったらしい。「いますぐにでも辞める」というふうに考えたのではなかろうか。

内府は、こういった。もし内閣が更迭するとすれば、そのあとは年寄りではいかぬ、新進でなければならない。そうすれば、近衛（文麿）はあなた（米内）も賛成しないでしょう。若いものから選ぶとすれば、石渡（荘太郎、宮内大臣）以外にはないと思う。

僕は、近衛は反対だ。石渡なら賛成である、といった。内府は、ひどく石渡を信頼しているようだった。

〔編者注〕

八月十五日　鈴木内閣総辞職。

八月十七日　東久邇宮内閣成立。

米内海相意見　二〇・九・二六

一、皇室の地位をどのようにまもるか、陛下の地位をどのようなものにする目途で最善をつくすか。

二、新しい日本建設の構想を、すみやかにうちたて、その実現に着手することはできないにしても、その構想にてらして現政府の施策をすすめること。
従来の憲法規定の考えで行くか、それとも英国式にするか。

三、内閣はすみやかに退陣する覚悟で仕事をすること。
ひきどきとしては、なるべく早いほうがよろしいが、陸軍省と海軍省が解消し、復員省となるときは、一つの時期であろう。

〔編者注〕

十月五日　東久邇宮内閣総辞職。

十月九日　幣原喜重郎内閣成立。

十一月三十日　陸軍省・海軍省廃止。

十二月一日　第一復員省・第二復員省官制を公布。

（付）

緒方（竹虎）書記官長に申し入れたこと。

○殿下を予備役にする。

○陸海軍出身の無任所大臣は引退する。

○戦時職権特例などの撤廃。

○御内意（ご退位）の件。

石渡（荘太郎）宮相の意見

一、人事がよくない。

海相は、緒方（竹虎、書記官長）の責任ばかりでもない、といった。

二、各省の事務（とくに陸軍と海軍）の統轄がない。

三、新官僚にたいする非難。

椎名、毛利、美濃部

米内海軍大臣談　二〇・一一・二　大臣室

一、きのう、吉田（茂）外相にともなわれて、わたしは武見という医師にみてもらったョ。血圧は二百六十だった。深呼吸をしろというから、しばらくそうしてから計ったところ二百三十であった。注射はしないほうがよいと言った。一週ばかりしてから、また行くことになっている。

おれも、いよいよ病人になったョ。心臓が肥大して背中までくっついてるそうだ。それは酒のためだ。さきごろ頭がいたくなり、変な気持ちがするようになったのは、肝臓がわるいためだとか。

二、復員省になったら金沢（正夫中将）にやらせるつもりだ、わかい者にするョ。次官もかえる。あれ（多田武雄中将）も身体をわるくしている、局長もかえる。十二月に復員省となったら、一つの省にしてシビル（文官）を大臣にせよといったが、陸軍がグズグズいって反対したので二つになった。

〔編者注〕昭和二十年十一月三十日に陸軍省と海軍省は廃止され、あくる十二月一日に前者は第一復員省に後者は第二復員省になる。

「シビル」とは、いったいどういうことかと質問したが、あまりはっきりしていない。

「軍人が現役から予備になって、それでシビルといえるのか」と吉田（茂外相）にただしたら、かれは笑いながら、「そうは思われない」といっていた。

陸軍大臣（下村定）によれば、有末（精三中将）が「それでよろしい」と聞いてきたという。まあ、たいした問題でもないから、どちらでもいいが。

このころは閣議に出てもいうことがないので、ぼんやり天井を見ているだけだョ。ただ臨時軍事費を十二月に復員省となる機会に、大蔵省に移管しなければならない、とはっきり言っておいた。下村陸相も賛成だったョ。（この点について、吉田外相によれば「陸相は賛成にきこえるような返事だったが、しかし〝余韻じょうじょう〟としたいいあらわしだった」と）

三、なぜ陸軍が、復員省（または局）を一つの省（または局）にすることに反対するのか、その真意がわからない。

○　国内秩序の紊乱に乗じて、いくらかディシプリン〔編者注、訓練〕のある組織をもとでとして《ママ》、国内的存在をはかろうとするのか。

○　ソ連に対するトラブルの誘発によって、米（軍）の下働きをすることによるA（陸軍）の延命策は、協力関係ならともかく、かえって国家に不利をもたらすだけだ。

○　臨時軍事費の予算を濫費するおそれがないでもない。

○　若松（只一中将）次官を、なぜかえたかネ。

四、自分がこんど辞めるときには、現内閣はおそらく前官礼遇の奏請（前官礼遇は総理大臣礼遇となる）をするだろうが、わたしは辞める前に奏請しないように話すつもりでいる。近衛（文麿）の前官礼遇は、まだ手続きをしたことを聞かない。

五、現内閣は、ながく続くかネ。

少なくとも選挙法改正案を臨時議会に出すことになろう。ぶじ議会を通過すればともかく、衝突となったら解散か。だが、でてくる顔ぶれは、現行の選挙法では現在とかわらないだろう。そして新たに議会を召集し、あらためて法案を出しても、衝突をくりかえすか、さらに解散するか、これはとてもむずかしい。そうすれば、この内閣は十二月に投げ出さねばならない場合がある、とみなければならぬ。

〔編者注〕

十一月二十六日　第八十九臨時帝国議会を召集(十一月二十七日開会、十二月十八日解散)。

十一月二十七日　政府、衆議院議員選挙法改正案を衆議院に提出。十二月十八日成立。

昭和二十一年四月二十二日　幣原内閣総辞職。

五月二十二日　第一次吉田茂内閣成立。

六、このころ近衛の評判がわるいネ。

「近衛公ばかりではありません。木戸(内府)さんも風当たりがつよいようですよ」

という高木の発言のあと――。

木戸は、かわるョ。

あとは内大臣を廃止するという案、そして枢相と貴衆両院議長が後継の奏薦をする。平常は総理が内府を兼任する。こうすれば、すこしせわしいが、宮中との連絡はよくなる。

重臣というものは、まことに変な存在だよ。これからは、政変のときの重臣会議はいらなくなるだろう。

〔編者注〕内大臣府は、昭和二十年十一月二十四日をもって廃止された。ちなみに、内大臣は明治十八年（一八八五年）の官制改革以来、天皇の側近に奉仕して皇室の事務および国家の事務にわたって常時輔弼の任にあたった。

七、宮中と宮家の廓清が必要である。そうでないと、陛下にご迷惑をかける結果をまねくことになると思う。

宮内省大膳寮の帳簿をしらべると、陛下は一日に、バター一貫目（三・七五キログラム）、鰻百五十尾も召上がることになるそうだ。いろいろ釈明があるらしいが、世間がなっとくしない。

箱根や浜離宮の下げ渡しがあって、先日、枢密院会議にかけられた。会議では言わなかったが、自分は永年にわたって御使用できないものを下げ渡しになるだけでは現在の事態にはそわないと思う。かりそめにも陛下は庶民とともに苦難をおうけになるというご聖慮ならば、現に御使用になっているものも下げ渡しになることをお考えにならねばならぬ、と考えるといったところ賛成者があった。

八、現内閣は、事務的には、いままでの内閣よりも、たしかに特色があると思う。これまでの内閣は、近衛（文麿）および平沼（騏一郎）をのぞいて、ことごとく軍人ばかりだった。財政経済については、書きものにしてもらったものを読んで諒解できる程度だったが、こんどの総理（幣原喜重郎）はこれらについて会議を主宰する実力をたしかに持っていると思う。

〔編者注〕ここで高木は、憲法改正のことについて、総理が、陛下より直接近衛（文麿）にたいし、憲法改正の下調べをやらせる旨の御沙汰があったことを閣議につたえなかったため、結局、閣内と宮中との板ばさみになったことを説明した。すると米内は初耳だとしておどろいた。

補遺

小磯内閣組閣の思い出

米内大将直話　二一・一・一二

一、昭和十九年七月十七日には、七、八人もいれかわりたちかわり、入閣のすすめに来たかな。

最後にきたのは佐藤賢了（陸軍省軍務局長）だった。散歩して八時半ごろ帰ったら、「こんな人が待っておられます」という。

「僕は軍人で、政治だけに責任をもつ無任所大臣には自信がない。海軍に育ったから海軍大臣ならつとまるが、それ以外はつとまらぬ」

と断わると、

「あなたは東条内閣だから出ないのですか、それとも、いかなる内閣でも同様ですか」

というから、

「もちろん、いかなる内閣でも無任所大臣は勤まらない」

とことわった。佐藤は帰って、そのまま東条（英機首相）に報告したらしい。

〔編者注〕東条は危殆に瀕した内閣を補強するため、米内と阿部信行の二重臣に入閣を交渉する。とりわけ米内の入閣が問題解決のカギとみて、東条は手段をつくして米内を口説いた。だが結局ところ、それは失敗におわり、七月十八日午前十時、東条は陛下に辞表を捧呈する。

二、七月二十日朝早く〔編者注、十九日夜の記憶ちがい？〕、近衛（文麿）が永田町の家に来て、「小磯（国昭）一人にやらせるのは心もとない、ぜひあなたが出て連立で助けてやってくれ」

という。

「それはできない、連立などはうまく行くものではない」

と僕は断わったが、是が非でもやれとすすめられるので、やむをえず出ることにした。大命降下したあとで内府のところに行って、

「ただいま二人に組閣の大命が降下したのであるが、ただそれだけでは組閣はできない。やっぱり首班はだれか、はっきりしてもらわねば困る」

といった。すると内府は、

「首班は小磯と諒解してくれ」

ということだった。そこで、さらに、

「僕は組閣について大命を拝したのだから、閣員名簿の捧呈まで責任をもてばよいと考えるが、どうか」

と念をおしたところ、

「いや、そうではない。小磯内閣のつづくかぎり、連帯責任で御苦労ねがいたい」

と内府はいうので、組閣後もひきつづき残留することになった。しかし、小磯内閣が総辞職したときは、政治道徳からみて、僕は辞めるのが当然であったと思う。

〔編者注〕『近衛日記』の昭和十九年七月十九日のくだりはいう。

「(前略) 同日午後八時過ぎ　三年町の邸に米内大将訪問

果せる哉、米内大将は右の如く一時躊躇の風ありしも、予の説明にて安心したり。米内氏はなおいう。

東条から入閣を勧誘せられた時、一切政治はやらないと言った手前、海軍大臣以外の大臣は受けられぬ。海軍ならやる自信がある。又、海軍大臣としては、おこがましいが、自分が最適任だ。

予、

それならも一度、木戸に御内意を伺う時、小磯の首相、米内の海相という御言葉をいただくよう言って置こう。

と、米内大将受諾の条件を引受けて辞去、同九時頃、松平（康昌）侯爵邸へ行く。秘書官長もまだ歴訪より帰らず。同十時過ぎに至り、ようやく帰邸。秘書官長の談によれば、重臣は皆連立に同意なるも、ただ岡田（啓介海軍）大将一人、少しく難色ありと（但し、大将は酔中の人なりし由）。予は秘書官長に『米内は海軍にあらざれば受けず』と、内府に伝達方依頼して帰邸す。時に夜半十二時」

三、小磯は朝鮮で閣僚の下案を作ってきていたョ。

僕は最初に小磯に言った。

「頭が二人で、いちいち相談していたら、総理の腕はふるえないし、やりにくくて仕方がないから、君の思うようにやりたまえ。ただ右か左か、君が迷うときだけ呼んでくれ。それでなければ、僕は総理官邸には行かないからと断わった」

組閣の時、僕が一人でぶらぶら出かけて行ったら、家の子郎党がずらりとならんでいた。二宮（治重）、斎藤（弥平太）、大達（茂雄）、湯沢（三千男）、緒方（竹虎）、等々が。

湯沢を書記官長にきめたあとで、湯沢の悪い点がつぎつぎとわかってきたので、それを田中にいれかえることになった。その断わり役を僕にやってくれというので、僕が断わったところ湯沢が怒ったョ。無理もないことだ。朝鮮では二宮を書記官長にする考えで来たらしい。

四、陸相には、東条（英機）が居据りたかったらしい。後宮（淳）案には僕が反対した。後宮が陸相になるのだったら、僕は辞めるといったのでつぶれた。そこで東条は出ずじまいになった。米内との振合いということで杉山（元）におちついた。

五、小磯に話がいった経緯——はじめは寺内（寿一）にほとんど一致しとったが、陛下の御思召しは第一線の指揮官を召喚することは御許しにならないとのことで、これは駄目となった。つぎは梅津（美治郎）、僕は梅津という人とは会っただけで詳しいことは知らぬが、満州であれだけ微動もさせなかった手腕は買ってもよろしいではないか、適任ではないかと主張したが、陸軍のほう（阿部？）から梅津はきのう参謀総長になったばかりだから工合が悪いという。昨日なっても今日なっても、内閣首班として適任ならば、すこしも差し支えないと僕は言ったが、陸軍の人事上から工合がわるいという。そこで結局、畑（俊六）か小磯かということになった。ところが、列席の人はみな、どちらか一方を知っていて双方を知っている者がない。僕は政治性という点から、畑より小磯がいちだんすぐれていると思うと主張すると、畑説をとってきた平沼（騏一郎）さんが、自分は畑と思ってきたが両方を知らないから、いま米内君の話を聞くと畑説を取り消すことにする、小磯説で結構だということで小磯にきまった。

六、僕は政治道徳上から、鈴木（貫太郎）内閣にのこるべきではなかった。が、鈴木さんは、あらかじめ小磯の了解をとりつけられ、二度目にお目にかかったときには、「小磯の了解をえたから、ぜひ海軍大臣をやってくれ」との話だった。ところで、大命降下の前から、鈴木さんに進言した（米内海相の留任について）向きがあったようだネ。

〔編者注〕この「六」の最後のくだりについて、当時の海軍次官井上成美は、こう書いている。

「高木惣吉君来省、私に、『木戸（内府）さんから、たのまれましたが、次の組閣を鈴木（貫太郎）大将に御下命ある様にと考えているが、海軍の内意を伺いたい、との事です』。鈴木さんの名をきいて、ちょっと頭に浮んだのは、大臣官邸で大将に戦況の披露をすると、鈴木さんは、いつも強気一点ばりの発言ばかりして居り、一億玉砕当然の如き言多しと感じて居ったので、私は『今度の内閣は戦を止める内閣でなくてはならないが、どうもわれわれの所での鈴木さんの態度は只強がりばかり言っている様だ。鈴木さんが一億玉砕組だったら大変だと、私はこの事だけが心配だ』と答えた。その翌日だったか、高木君が又来て、『次官の御心配の趣を木戸さんにお伝えしました。木戸さんから、その点について近衛さんの御意見を求めた所、〝鈴木さんは大丈夫です〟といわれたとの事です』というので、私から『では海軍は異存ありません』と御答えし、尚『鈴木大将は人物も度胸も申し分ないが、失礼だが総理として必要な政治感覚に乏しいと思う。それ故鈴木内閣が出来るとすれば、米内大将は是非共鈴木さんの片腕、相談役として入閣して貰う必要がある。これは絶対条件と思う』と木戸さんに伝言を願う。

以上は全部米内さんに内証で井上一人で取計らった。これはずい分乱暴な僭越行為と自分でも承知している。しかし米内さんは前から何度も、大臣をやめたい、やめたいといっている。今度新内閣ともなれば、これを好機に強く『やめる』と先手をうたれるかも知れない。そうすると鈴木内閣は出来ても何も出来ない事になるおそれがある（少なく共私はそう考えた）。それ故、米内さんの先手をうって、鈴木さんの方で先に、米内留任を絶対条件にして組閣を決心しておいて貰う必要ありと考えたのである。ワンマン次官、いけなかったかしら」「私稿『思い出の記』」

井上私稿の「米内さんは前から何度も大臣をやめたい」とは、昭和十九年暮から海相のバトンを井上次官に渡すつもりでいた米内と井上の間で、十二月から翌年四月までに「お前に大臣をゆずるぞ」、「とんでもない、私は絶対に引き受けません」と三回ほどくり返えされたことをいう。

最高戦争指導会議と終戦

〔編者注〕　米内光政は昭和二十年十一月十七日、東京において、最高戦争指導会議と終戦について証言している。質問者は米海軍少将R・A・オフスティ、列席将校は合衆国第五艦隊司令長官・海軍大将J・H・タワーズ、米海軍大佐T・J・ヘッディング、米予備海軍少佐W・ワイルズであった。『証言記録　太平洋戦争史・1』のなかの問答筆記はいう。

問　閣下、われわれはあなたの経歴についてはだいたい承知していますが、昭和十五年に首相であったときと、昭和十九年に小磯内閣に入閣したときの間の期間についてはよくわかりません。

　そこで、この期間にどんな仕事をしておられたか、あらましをお伺いしたいものです。

答　お訊ねの時期には実質的に、これといってお話しするようなことは何もやっていません。

問　しかし交友関係から国内の思想動向について、だいたいの所はお分かりだったでしょう。当時、上層部でどんな論議が行なわれていたかなどについて……。

答　日本の政界、言論界では、首相の経歴を持った人、または、天皇から総理大臣前歴者と同じ待遇を許された者は「重臣」とよばれていました。

　この重臣というのは、元老的政治家という意味で、一般の人々には、上層部で起こっていることは何でも心得ているはずだという印象を与えていたようです。ところが実際は、政府筋や最高軍事機関などで、どんなことが起こっているのかということは何も知らされていなかったのです。したがって、国内の傾向が戦争に向っているのやら、その反対の方に動いているのやら、重臣は知る地位にいなかった。

　いわゆる重臣というのは、内閣が総辞職して次の内閣をつくらなければならぬことになった場合、それについての意見を求められるのを主な目的としておかれた一団の人たちのことを指すわけです。つまり、この人たちはそんな時に、はじめて存在理由があるわけです。

この重臣というのは、どちらかといえば、得体の知れないもので、決定的な行動をとる権限があるわけではなく、ただ内大臣の相談相手になるだけでした。

重臣グループは右に述べたように、ただの諮問機関にすぎないのですから、その進言などまったく問題にされなかったこともあったわけです。

この重臣たちの正しい権能については、一般の人々から多少の誤解を受けていたようです。

問　実は本日の質問によって、われわれは最高統帥部の計画や、決定された重要事項について、ハッキリしたところをつかみたいと思っていました。

それから、貴下こそ誰よりもよく通暁《つうぎよう》〔くわしく知って〕しておられるにちがいないと、われわれが予想していた重要問題について、あなたの御意見を承りたかった次第ですが……。

答　すでに申しあげた通り、私は昭和十九年七月末に小磯内閣に入閣するまでは、まったく政治活動に縁がなかったので、残念ながら、何も知らない立場に置かれていました。

したがって、それ以前の重大な案件や計画について、何も申し上げるようなことはありません。

しかし、昭和十九年七月末以後のことなら、それも、むろん、副総理兼海軍大臣という立場からですが、それならば、私の知っている限りのことを喜んで申しあげましょう。

問　その点は、これから、いろいろお訊ねするにあたって、心にとめておくことにいたしましょう。

さて、閣下、「最高戦争指導会議」の機能、およびその運営法について、どうぞ、簡単にお述べください。

答　最高戦争指導会議は次の二つの部分から成り立っていました。

一、六名よりなる正規の構成員――首相、外相、陸相、海相（以上政府側）、参謀総長、軍令部総長（以上統帥部）。

二、右の外、正規構成員は必要に応じ、他の閣僚を構成員に加える権限をもっていました。

また、幹事というものがありましたが、この幹事は、会議で行なわれたことについて、直接の責任は持ちませんでした。

また、正規構成員ではないが、参謀次長と軍令部次長が会議に列席しました。

この両次長が列席して、両次官が列席しなかったのは、以前、参謀総長と軍令部総長が皇族（註、閑院宮と伏見宮を指す）であったとき、輔佐のため、両次長の出席が必要であると思われて、そうした慣例ができたのです。この慣例は、両皇族が総長をやめて、臣下のものがその後任者になっても続けられました。

（注）昭和十二年十一月、大本営の設置に伴い、大本営連絡会議が設けられ、この会議において、国務と統帥、すなわち政略と戦略の統合、調節、換言すれば、いわゆる戦争指導が律せられるに至った。（これを連絡会議と呼ばれた）

連絡会議の構成員は、時代により、また議案の内容により若干の変更があった。不動の構成員は政府側より四名、統帥部より二名、計六名であった。このほか蔵相および企画院総裁が、ある期間継続的にこれに加わり、また必要に応じその他の閣僚が臨時に出席した。

連絡会議には幹事がおかれ、議案の起草整理その他会議運営の庶務的事項を処理した。幹事は内閣書記官長、陸海軍両軍務局長がこれに当たり、後には綜合計画局長官もこれに加わった。

昭和十九年七月、小磯内閣の成立に伴い、連絡会議を「最高戦争指導会議」と改称し、会議の運営要領を形式的に整備する所があった。

〔編者注〕閑院宮載仁《ことひと》親王が参謀総長を、伏見宮博恭王が軍令部総長を辞したのは、それぞれ昭和十五年十月三日と同十六年四月九日だった。

問　では、この最高戦争指導会議にはどのようにして問題が提出されたのですか。それが機能をはたす手順はどんな風でしたか。

答　最高戦争指導会議における議案は、作戦計画の討議にかぎらず、むしろ、戦争努力の他の面――戦力維持の方法とくに問題、および現情勢の下で、戦争が順調に遂行されて行くかどうかという点にその重点がおかれたようでした。

問　なるほど、そこで、そういう問題は、別に、最高戦争指導会議以外を通じてか、あるいは両統帥部長によって提出されたわけですね。そうでないとすれば、どんな筋から討議内容が提出されましたか。

答　提案はすべて、六人の正規構成員から持ち出されました。いいかえると、外部からは何も提案されませんでした。

問　それなら、六人の構成員だけが、いわゆる決議参加権を持っていたものと推断できますが、正規のメンバーの外の人にも、決議参加権のようなものがありましたか。

答　いや、議決権を持っているのは六人の正規構成員に限られていました。

この六名が、自分たちの必要と思う政策なら何でも採択するのです。

しかし、これは最終的なものではありません。というのは、いったん、この会議で可決された提案も、何か重要事項と関連のあるものは、内閣にまわされ、そこを通過しなければ、最終的なものとならないからです。

（注）実際において、政府は最高戦争指導会議議決事項の内容に鑑み、閣議の決定を必要とするものについては、更めてこれを閣議に付し、いわゆる閣議決定の手続を経たのち実行に移した。

この閣議に付する際、所要に応じ、決定事項の中から統帥事項を除き、この事項は両総長が幕僚長として、それぞれ別個に処理した。

なお、重要な決定事項は天皇に上奏して、裁可を仰ぐのを例とした。

問　最高戦争指導会議は、意見の相違や論争のあった事項については、それを直接、天皇のお耳に入れましたか。

答　論議が特に重要なものと考えられる場合、会議は天皇のご臨席をお願いすることになっていました。

もちろん天皇のご臨席を至当とするほど、問題が重要であるかどうか、それを決めることは六名の構成員にゆだねられています。

天皇のご発意で、非公式な最高戦争指導会議を開くこともありました。

天皇ご自身の要請によって、非公式会議が開かれた例としては、たぶん、(二十年)六月六日の会議がそうだったと思います。

この会議では、これ以上、戦争を継続することが可能かどうかの問題が討議されました。

なお、似たような性質のものとしては、六月二十二日の会議もそうだったと記憶しています。

(注) 昭和二十年六月六日の最高戦争指導会議は、天皇の発意によるものではなかった。証言者米内大将の記憶あやまりと思われる。

この会議では「あくまで本土決戦を断行する議案」が採択された。

天皇の発案による会議は、六月二十二日と八月十四日の二回であった。しかし、この両回とも厳密な意味の最高戦争指導会議ではなかった。

問　同様に、大本営という制度についても、それがどんな仕事をしていたか、ご説明願えませんか。

答　最高戦争指導会議にくらべて見ると、大本営の方はその処理事項が、統帥や作戦問題に限定されていました。

それで、最高戦争指導会議のメンバー（注、政府側の首相、外相を指すものと思われる）は作戦計画について何も知らないことがたびたびありました。

（注）昭和十二年十一月、支那事変の勃発に伴い、大本営が設けられた。

大本営は、本来、もっぱら統帥事項を処理する機関であって、国務とは直接的には無関係である。従って内閣総理大臣以下の国務大臣が、大本営の構成員に加わることはあり得ないことであった。

しかし陸海軍両大臣は、軍事行政機関の長官たる資格で、所要の随員を従えて、大本営の議に列することになっていた。

問　ともかく、大本営は恒久的な事務機関を備えたチャンとした組織体でしたか。それとも、単にその会議だけを大本営と呼んだのですか。そして、その形式のものが戦争中、一種の常続的な会合として存在していたものでしょうか。

この二つのうちどちらか——どちらでもよろしいが、それは貴下のご説明にまつことにして、いったい、その機関では、どんなにして意見の一致を求めたかを話して下さい。

それは、投票権のようなもので決めましたか。それ以外の方法によってですか。

答　大本営について申し上げますが、そこで討議し採決されたことは、原則として二人の幕僚長以外には通告されません。とくに、採択前には厳重にそれが守られました。

採択後は、時によっては、最高戦争指導会議に回付されることがありましたが、それは大本営計画が遂行できるかどうかを審議するためです。いつでもそうだったとは限りませんが……。

一方、最高戦争指導会議の権限に関して、誤解があるかも知れませんが、それは統帥部と内閣の連絡機関として設置されたことがお分かりになれば誤解は一掃されるでしょう。

最高戦争指導会議などと呼ばれるものですから、国家の一元的な戦争努力のピラミッドの頂点に当たるものだという印象を受けやすいのです。

しかし、それは名前のつけ方が間違っていたと私は考えます。なぜなら実質的には、戦争指導機関ではなくて、連絡機関であったのですから……。

（注）小磯内閣になってから、はじめて最高戦争指導会議と呼ばれたが、それまではずっと連絡会議となっていた。

問　つまり、戦争指導に関する限りでは、大本営が最も有力な組織だったわけですか。

答　その通りです。統帥事項、作戦問題に関する限りは、明らかにそうです。

問　大本営の決定事項は、どうしてきめられましたか。全員一致というのが原則でしたか。いったい、どんな方法で決議に到達しましたか。

答　大本営内では、陸軍作戦の問題に関する限りは参謀総長、海軍作戦に関する限りは軍令部総長が、こうするといえばそれで決まりました。そしてもし、両総長の間に意見の相違が起こるようなことがあれば、どうにもならず、何もできなかったのです。

問　重要問題の決定法として、多数決制をとるという構成にはなっていなかったのですか。

答　多数決制などというものはありません。多数決という問題は起こり得なかったのです。その状況は閣議の場合と非常に似かよっていました。それは多数決の問題ではありません。ある問題について、一致を見ることができないとすれば、それは協調和合に欠けていることを意味することになります。

問　それでは意見が決定的に割れても、問題を直接天皇に持って行くということはなかったのですね。

答　合意に到達しなかった場合、しかも問題が非常重大な場合は、天皇のご裁断を仰ぐことがあり得るわけです。

じっさい、終戦時にはそんな情況でした。終戦直前にそういう場合に直面しました。終戦ということで大体の意見は一致していながら、ある詳細な点について意見が分かれたのです。

そこで二つの可能な場合のことを天皇に申しあげ、そのいずれを採るべきか裁断を仰いだのでした。

天皇はご聖断を下されました。

（注）ソヴィエト参戦の朝——八月九日、最高戦争指導会議が召集され、ポツダム宣言受諾の可否を審議することとなった。

審議の対象として、米内海相から、国体護持の外に、ポツダム宣言中の三つの主要事項——戦争犯罪人の処罰、武装解除の方法、占領軍の進駐問題を提案された。

第一の国体護持の問題は、全員一致で絶対条件としてとり上げることに決定したが、第二以下は構成員の間に容易に意見の一致を見なかった。四つとも条件をつける方に傾いたのは、阿南陸相、梅津参謀総長、豊田軍令部総長の三人、国体護持だけの条件を主張したのは鈴木首相、米内海相、東郷外相の三名であった。

そこで前者を甲案、後者を乙案として御聖断を仰いだ。天皇は、自分としてはこれ以上戦争を続けて、無辜の国民に苦悩を与えることは、どうしても忍び得ないから、ポツダム宣言受諾も止むを得ないと考える。そのためには、国体問題だけを条件にした乙案をとる、と結論的な聖断が下った。(豊田副武『最後の帝国海軍』二一〇頁)

問　さてもう一度、最高戦争指導会議について、おうかがいいたしたいのですが、この会議においては陸軍と海軍の影響力に差違はありませんでしたか。つまり、その勢力が何かのかたちで……。

答　その問題ですが——一概にこうだと一般的に説明するのはとてもむずかしい。私自身、時にはこの会議の席上、かなり強硬な、思いきったことを述べねばなりませんでした。

一般論として陸軍と海軍の間には、かなり肌合のちがったものがあったことは言えます。陸軍の代表者が提議したことで、何か納得できないことがあった場合、私は決してそれに反対することをためらいませんでした。この会議では真剣猛烈な討議論争が展開されたこともあります。

問　特に戦争の終りごろには、きっと若干の根本的な意見の対立があって、合意に達するまでには、たいへんむずかしいことになったと予想されますが、主な討論の趣旨を簡単にご説明願えませんか。

答　陸軍と海軍の意見が、はっきり分かれた根本的な問題といえば、何といっても、戦争を継続すべきか、終戦にみちびくべきかということでした。

この意見の対立は、六月に入るとはじまって、八日および二十二日の最高戦争指導会議で持ちあがりました。しかし、それが決定的に割れてしまったのは、八月上旬のことでした。

陸軍は最後まで徹底抗戦を主張し、これに反して、私はすべて物事には限度があり、世界情勢ならびに国内動向の両方から考えて、すでに終戦の時期に来ているという信念を表明しました。

問　それに関連しておうかがい致しますが、陸軍は終始、海軍の状態についての十分の認識を持っていたのですか。そして海軍の方も、陸軍の置かれている地位、戦力等について、いつも十分の知識なり認識なりを持っていましたか。

答　少なくとも、海軍は陸軍の残存兵力の状況を承知していました。そして陸軍当局も海軍兵力の現状について認識していたと信じます。というのは、近代戦というものは陸軍の戦争とか海軍の戦闘だとかいう武力戦だけの問題ではなかったからです。それは国家全体としての総合戦力に依存しているものだからです。

問　では、陸軍と海軍とが国策の上に及ぼしていた勢力の比較はどうですか。若しこの問題についてご意見を述べていただけるならおきかせ下さい。

答　戦争末期になってからのことですか。

問　戦争中のいつの時期でも……。

答　政治的な方面ですか。

問　そうです、政治的な……。

答　政治的影響力について言えば、それは決定的に陸軍の方が強力でした。陸軍は、われわれには分析したり、測定したりできないある圧力を持っていました。多分同じようなことが、他の国々にもあることと思いますが……。

問　その陸軍のわけのわからぬ力というのは、直接、海軍作戦に影響を及ぼすほどのものでしたか。つまり、海軍独自の作戦にまで、影響するほどの……。

答　戦争も終りに近い頃のことですが、当時の戦局では、海軍が航空兵力の支配権を握るべきだと考えられていたのに結局、それを実現することができなかったことを記憶しています。

（注）　昭和十八年、ソロモンの航空消耗戦となってから、わが軍備の根本的革新について活発な議論がまきおこり、特に、航空戦に自信を失いかけた海軍の焦慮は深刻であった。

また十八年の年間消耗百分比は、完成機数に比較して、海軍二〇五％、陸軍一〇七％であった。

かかる消耗の実情に照し、従来の航空軍備では戦局の転換は絶望と見られ、果断をもって、全海軍を空軍本位に再編成し、資材および生産を統一するか、少なくとも海空軍重点主義に移すべきであるとの意見がひろがり、十九年二月、陸海両大臣、両総長の協議となったのであるが、結局、従来通りほぼ均等に二分する政治的妥協案に落ちついてしまった。（高木惣吉『太平洋海戦史』一〇六頁）

特に、具体的な事例をあげるわけには行きませんが、私は陸軍の政治力によって海軍作戦が、ある程度の影響を受けたと感じています。

問　いまいわれた、あらゆる航空兵力の指揮権を握ろうという目的についてですが、それは最大の脅威に対して、航空兵力を集中して使用できるように、陸海軍を協調させたいという所にあったのですか。

答　この点については、人によって意見がちがっていたかもしれませんが、少なくとも私は海軍の方が、航空活動のあらゆる分野において陸軍より優れていると感じていました。したがって、航空関係のあらゆる方面の支配権を海軍がにぎることが、陸海軍お互いの利益になるだろうと感じたわけです。

問　これに対し、陸軍の反応はどうでしたか。そのような考え方に対する陸軍の反対の主なものは、どんな種類のものでしたか。それは自負心というものでしたか。

答　その通りです。煎じつめれば、まあ、陸軍のプライドの問題に帰着すると思います。陸軍の連中は自分の兵力の一部を海軍に渡すことを好まなかった。海軍の考えでは、これは陸海軍連合航空兵力の攻撃目標とすべきものだと感ぜられる場合がたくさんあったと思います。ところが、陸軍は何か別のものを連合攻撃の目標とすべきだと考えて、反対しようとする。そして、陸海軍航空兵力の指揮系統が全然別個のものになっているから、海軍としては、陸軍に対し、その航空兵力に海軍作戦を支援させるように説得することができなかった。これと反対のことが、陸軍側としては海軍に対して感じたこともあったわけです。

これが、海軍が全航空兵力の支配権を持つべきだと主張した理由の一つです。戦争も終りに近いころ、海軍側の意見がある程度、陸軍に容れられたことが一度だけありました。

陸軍がその航空兵力の一部を連合艦隊の指揮下に入れることを承知したことがあります。これは沖縄作戦のときのことでした。陸軍は当時、第六航空軍を連合艦隊司令長官の指揮下に入れたのです。

問　航空兵力の使用について意見の相違が起こったのは、陸軍側では、作戦目標をひろく分散しようという問題に起因したのですか。その、航空兵力使用についての意見の相違というものは、具体的にいえば、どんなことですか。

答　私は、この意見の相違は、アメリカ側が次にどこを狙って攻めてくるかということについて、陸海軍間に情況判断の相違があったために起こったものと信じます。一例をあげれば、海軍はアメリカが、今度は多分、沖縄を攻めるだろうと思うのに対し、陸軍側はアメリカの鉾先は台湾に向けられそうだと判断しがちだったようなものです。

問　閣下、あなたの占められた地位をもう少し正確に知るために、ちょっと、ここでおたずねします。大規模な海軍作戦計画が責任ある機関によって承認された際に、海軍大臣というものは、その作戦の実施に対して、どの程度の発言力をもっていましたか。

答　実際の情況を申し上げると次の通りです。

何か大きな作戦計画が採択される前には、海軍大臣と軍令部総長の緊密な協調がなければならなかったのです。

というのは、海軍大臣には二つの大きな仕事――その一つは前線部隊をして採択された作戦計画を遂行できるようにしてやること、他の一つは、海軍省内における指揮を維持してゆくこと、の二つの責務がありました。

他の適当な言葉でいえば、海軍大臣は作戦資材を宰領しているのですから、軍令部総長が何か大きな作戦について決定を下す前には、どうしても海軍大臣に相談せねばならない立場にありました。

これは私個人の私見にすぎませんが、軍令部というものは海軍省の一部として、総長は大臣の下にもってくるべきだと思っています。

問　それでは、海軍大臣は、一つの作戦の進行中、その経過に応じて、忠告的にせよ直接的にせよ、そのいずれかの支配権を時々行使したわけですか。

答　いったん、作戦が発動されると、海軍大臣はその後に、もはや、支配権は行使しませんでした。

問　さて、戦争の基本計画――緒戦期の進攻作戦によって表現されたあの戦争計画について、このへんで、おうかがいしたいと思います。

あなたは当時、直接にその計画には関与しておられなかったわけですが、非公式にご意見として承ります。しかし、貴下は日本の潜在的戦争能力については、広汎かつ一般的な深い理解力を持っておられたことを知っていますから、おたずねする次第です。

最初の戦争計画は妥当なものであったかどうかということ、およびその計画に付随する要求に応ずるため、はたして日本国家の能力は十分なものであったかについて、あなたの御意見はどうですか。

答　あの戦争計画は、当時の情勢や、わが国の戦争能力の実際に鑑みるとき、決して適当な計画ではなかった、と今日に至るまで信じています。

問　つまり、あの計画は、はじめから、あまり手を拡げすぎた、身のほど知らぬ計画だと考えたわけですか。

答　詳しいことは言えません。くわしいことは、じつはよく知りません。しかし私は、そんな戦争計画は全然、試みてはいけなかったとすら考えたのです。私は確信していますが、かりに当時、私が首相だったとしたら、われわれはこの戦争をはじめなかったでしょう。

問　閣下、これも、あなたが責任の地位におられなかったことを承知の上でお尋ねするのですが、戦争初期の段階において、外廓圏または資源地帯の維持に対する主な脅威は何であると思われましたか。その脅威は外廓圏と資源地帯の両方を維持することに対するものです。

そして、その脅威はどちらからやってきましたか。ロシアからですか、中国からですか。東方のアメリカ軍からですか。それとも、どこか外の方からですか。

答　アメリカの戦力が主要な脅威であった、というだけでは答えとして不充分でしょうか。アメリカの戦力を分析してお答えすべきでしょうか。

問　そうですね、分析してもらいましょう。

答　これを逆に説明しますと、われわれが最も安全だと感じていた場所は、米軍がやってこない場所でした。

問　さて、それでは、アメリカ軍はどうするつもりだろう、とあなたは思われましたか。アメリカ軍の手のとどかない地域というのは、いったい、どこを指すのですか。外廓圏に対して、アメリカ軍はどんな手を打つだろうと考えましたか。日本に脅威を与えるために、アメリカは何をするだろうと予想していましたか。

答　ご質問に対する直接の答えになるかどうか、わかりませんが、私は次のように説明したいと思います。

いったん開戦ということになると、南方からの重要な資源、とくに油を輸入せねばならなかった。そして、アメリカ海軍基地から一番遠くはなれている南方地域が、われわれにとって最も占領しやすかったわけです。

アメリカ軍がフィリピンを占領したとき、そこで、南方からの補給路は断ちきられ、日本の資源は最後の宣告を受けました。

問　しかし戦争の初期に、日本が防御せねばならぬ対象は何でしたか。どの反撃兵力を防ぐべきだったのでしょうか。

答　機動部隊か、潜水艦か、それとも外の何かということを、お聞きになっておられるのでしょうか。

問　それもありますが、また、豪州にいた陸軍兵力とかインドの兵力とかいうことも。

答　それは何といっても合衆国艦隊です。その海軍力が干渉してこない限り、日本は南方からの資材供給を確保することは容易なことでした。

問　では、あなたは、この戦争は主として、海上兵力の戦争であった、とおっしゃるわけですか。それとも、日本側から見たところでは、陸軍の支配力が大きかったと観測しますか。または、両方が同じくらいの責任をもっていたのですか。

答　私は、海軍の戦争だったと信じます。

問　日本政府の要人たちといろいろ話し合った結果からいえば、陸海軍の協調は必ずしも良好ではなかったように見受けますが、もし貴下もその通り認めるとすれば、陸海軍間の摩擦対立の主な原因は何だったのですか。

それは当事者の性格の不調から来るものでしたか、戦争目的の見解の相違からでしたか。いったい、何が協調を妨げましたか。

答　私は、根本的なものは陸軍と海軍の教育方針の相違にあった、と思います。陸軍は十五歳か十六歳の少年から軍隊教育を始めています。

（注）幼年学校の教育は恐ろしく貴族的、特権階級的な雰囲気で、その上、閉鎖的、排他独善的なものであった。（元陸軍中将石原莞爾）

そして、そんな若年の時代から、戦争以外の何も教えなかった。そこに陸軍士官と海軍士官の考え方に根本的な相違が生じたと信じます。

その結果、当然の帰結として、陸軍士官は眼界が馬車馬のように狭くなり、海軍士官ほど広い視野で物事を見ることができなくなります。

問　陸軍士官が戦争以外のことは何も教えられなかったという意味は、広い国際的な視野についての教育が欠けていた、というようにとれますが、そうでしょうか。

答　その通りです。軍隊以外のことは何も教えなかったと思われます。むろん、これは私の感じにすぎません。

私がこう言っているからといって、それは別に、ここで、陸軍を非難しようとしているのではありません。

問　閣下、あなたはどこが戦争の転機だったと思われますか。つまり、この戦争を成功裡に終結させることが覚束なくなったハッキリした徴候があらわれたのは、いつ、どんな情況のときであったか、ということについて、ご意見を承りたい。

答　それは、あなたのお気に入るような言い方で結構と思います。きわめて率直に申し上げれば、戦争のターニング・ポイントは、そもそも開戦時にさかのぼるべきでした。私は当初から、この戦争は成算がないものと感じていました。むろん、これはご質問に対する答弁にはなっていないかも知れません。

そこで、いったん、戦争がはじめられてからのことを言えば、ミッドウェーの敗戦か、またはガダルカナルからの撤退を転機といいたいのです。それからというものは、もはや挽回の余地は全くないものと見当をつけていました。もちろん、その後にもサイパンの失陥があり、レイテの敗北が起こりました。そこで私は、もうこれで万事終りだと感じていました。

問　ミッドウェーを指摘された理由、それからガダルカナルの撤退を転機と見た所以は何でしょうか。

答　ミッドウェーは主として海軍としての立場から選んだものです。そこで日本艦隊は散々な目にあいました。

他方、ガダルカナルのほうは、一般的な観点から指摘したのです。

あの撤退がやむをえなくなった当時、私は全般的な情勢を考慮に入れて見て、もはや戦争もこれまでだと感じました。

さらにレイテの惨敗では、すでにフィリピンを喪失したのも同様だと痛感しました。

問　アメリカ軍の作戦のうち、どれが日本海軍の戦力に主要な打撃と影響を与えたと思いますか。

アメリカがこんどの戦争でとった措置のうちで、はたして、何が最大の効果をあげたと考えられますか。

答　非常に漠然とした言い方をすれば、日本が致命傷を受けたのは、アメリカの渡洋作戦が完璧な徹底ぶりと、水ももらさない計画の下に行なわれた事実によってでした。

もうすこし詳しく言えば、ミッドウェー海戦の結果と、レイテ海戦後の潜水艦作戦によって、日本はひどく叩きのめされました。

おまけに、アメリカ空軍力は、フィリピン地域において、われわれが予期していたよりもはるかに威力を発揮しました。

要するに、日本に最大の打撃を与えたものは、アメリカの渡洋作戦が完全に計画どおり着々と遂行されたという厳然たる事実です。

問　昭和十九年の晩秋、日本はラジオ放送によって、台湾沖で米海軍に途方もない大損害を与えたと発表し、日本海軍は十月二十三日から二十五日にかけて、フィリピン方面で大攻勢をとりました。日本海軍はアメリカ海軍に対し、ほんとに大打撃を与えたものと真面目に信じ、米艦隊がレイテ海戦に出て来たほどの海軍力をアメリカは持てなくなったものと思ったのですか。

答　昭和十九年の秋に東京から放送した数字は、現在、むろん記憶していないが、発表された数字に若干の誇張があったことはありうることです。

しかし、一般的にいって、実際に戦闘に従事した将兵と、司令部から戦闘を見守っている人びとの間に判断の相違が起こるのは当然だと思います。ことに、大部分の被害が航空兵力によって生ずる航空戦の場合は尚更のことです。飛行機の搭乗員からの報告は重複することが度々あります。このことは報告者自身には分らないことですから、故意に誇張するつもりはなくても、やむをえない過大が混入して来ることはまぬがれないのです。

（注）台湾沖航空戦に関するラジオ放送の基礎になった大本営発表は次の通りだった。

「大本営発表（十九年十月十九日）

我部隊は十月十二日以降連日連夜台湾及ルソン東方海面の敵機動部隊を猛攻し、其の過半の兵力を壊滅して之を潰走せしめたり。本戦闘に於て、

一、我方の収めたる綜合戦果次の如し

轟撃沈　空母十一隻、戦艦二隻、巡洋艦三隻、巡洋艦若くは駆逐艦一隻。

撃　破　空母八隻、戦艦二隻、巡洋艦四隻、巡洋艦若くは駆逐艦一隻、不詳十三隻、其他火焔火柱を認めたるもの十二を下らず。

撃　墜　百十二機（基地における撃墜を含まず）

二、我方の損害　飛行機未帰還　三百十二機」

問　私が本当におうかがいしたかった点は、つまり次のようなことでした。その、いわゆる誇張された戦果が、その後の作戦に何か実質的影響を及ぼしたかどうかということです。あの攻勢作戦の命令を出した際に、統帥部では、アメリカの機動部隊が、実際よりはずっと弱体化していたと信じていたのではありませんか。

答　実際に誇張があったかどうか、私は知りません。

（注）日本航空部隊の戦果報告に反して、実際には、アメリカ艦艇は一隻も撃沈

されなかった。ただ巡洋艦「キャンベラ」と「ヒューストン」の二隻が、大損害をこうむったのみであった。（フィールド『レイテ湾の日本艦隊』六七頁）

問　戦争中のどの時期についてでもよろしいが、とにかく、海軍戦力と国家総力との関係について両者を比較して考えてみてのご意見を承りたいものです。

答　ご質問に対する直接の答えとしては、海軍が大打撃を受けた場合、その当然の結果として、国家全体の戦力は低下しました。というのは、海軍が失ったものを補充せねばならなかったからです。

しかし一般的にいえば、実情は概してその逆でした。つまり、国家戦力が直接に海軍戦闘力を左右したのです。

この戦争では、この両者の釣合は主として資材の欠乏のために、まったく破れてしまいました。教育訓練という問題もある程度は影響がありましたが、国家戦力と海軍戦闘力との調和が失われた主な原因は資材の不足ということでした。

問　東条大将は、海軍力や海軍作戦の本当の意義や問題などについて、十分な理解を持っていたと思いますか。

答　それについては、想像的なことを申し上げることは避けたいと思います。東条大将にまず尋ねてみてからでないと申し上げられません。

問　海軍最高統帥部は、かりに自分たちだけで自由に終戦を決定することができたとするならば、戦争のどの段階で終戦の対策をとったでしょうか。

そんな段階が、いろいろな時期に考えられたわけですか。

答　単に、まったく日本の立場からだけ観測して、私は、最初のチャンスは開戦早々の頃だったと信じます。つまり、ハワイ、シンガポール等で勝利をおさめた直後、第二の機会はサイパン陥落のあとでした。その後は、ずるずると引きずられているようなものだった、と思います。

以上は日本側からだけ見ての話ですが、しかし、もし日本海軍が終戦を提議したとしても、終戦にもって行けたかどうかはわかりません。

それは相手の出方や態度によることですから……。

問　これは、海軍だけのことですが、たとえばサイパン失陥後、海軍の若い将校たちは終戦工作のようなものを聴き入れる気持が、はたして、あったでしょうか。

むろん、これは、ただ単なる意見としてお伺いするわけですが……。

答　それは問題です。やはりある適当な時機がやってくるまでは、なかなか終戦などできるものではないようにも思われます。

そんな時節が到来するまでは、ある種のいきおいというもので戦争は動いて行くものですから。

問　ドイツが最後の勝利を得るだろうという希望が、どの程度、終戦をおくらせるのに影響したでしょうか。

答　私に関するかぎり、それは全く影響ありませんでした。というのは、私はそもそものはじめから、ドイツが結局勝つなんぞという見込みはないと思っていたからです。私はとうの昔からドイツに勝算はないと確信していたので、ドイツとの提携には真向から反対した一人でした。

そして、この私の所信が、ある方面に洩れたものですから、私は首相の地位から引きずり落される形になったのです。それは米内海軍大将が総理大臣ではドイツとの同盟を実現する可能性が少ないことを、その方面で強く感じたからでした。

問　諸情勢の大局から見て、統帥部や政府上層部で、ここらで終戦に持って行くべきだという意見を積極的に述べたり、表明したりしはじめたのは、いつごろのことですか。

答　今年（昭和二十年）の五月初旬です。

問　では、その頃の日本戦力の顕著な事象は何だったでしょうか。また、当時の日本

答 戦力の主な欠陥は何だったでしょうか。

日本の戦争継続能力は、どんな具合でしたか。

だいたいこの頃になると、日本の戦争経済力は、ほとんど枯渇しきっていることがハッキリと分りました。何もかもが、まったく底をついてしまっていたので、特にとりたててこれは顕著だというものはありませんでした。

更にもうすこし立ち入って説明しますと、たとえば石油の欠乏の問題ですが、これはフィリピン失陥後、一滴も南方から入ってこなくなって深刻な状態になっていました。

（注）昭和二十年一月中に、日本に持ち込まれた油は九十万バレルであった。これが大量の油輸送の最終のものだった。二月はやっとのことで十六万バレル足らずが入った。三月に最後のタンカーが約三十万バレルを運び、四月のはじめには南方とのすべての交通が杜絶した。

造船状況について言えば、鋼鉄不足のために、その能力はガタ落ちになってしまっていました。

（注）昭和二十年（一九四五年）の夏までには、原料ストックは使いはたし、

輸入は切断され、鋼の生産はかつての七八〇万トンの頂点から年率わずか一〇〇万トンに落ち、しかも掘ることも困難になり、それにもまして輸送の困難な低位の国産原料に依存せざるを得なくなり、日本の戦力は鉄鋼に依存する限りにおいて、最も効果的に減耗されつくしたのであった。(コーヘン『戦時戦後の日本経済』一九二頁)

人的資源の面では、頭数に関する限り充分だったように思われたけれども、ある種の理由で、生産関係において、人的資源は決して豊富とは言えませんでした。つまり、人的資源の能率的使用ができなかったのです。

そんなわけで、私は五月頃までには、どちらを向いて見ても、日本はすっかり行詰まってしまったことを、ひそかに感じとったのです。

問　鈴木内閣に入閣後、終戦のため積極的な方法を講ずるということについて、あなたが鈴木海軍大将と話合われた内容を説明していただけませんか。

答　鈴木内閣は本年四月上旬(注、七日)に成立しました。

当時は、終戦問題を持ち出すなどということは、相手が誰であろうと、私には、いや、誰にでもそうだったでしょうが、ほんとに難しいことでした。

しかし、鈴木大将が首相になってからは、抽象的な言い方でしたが彼と話合いました。「私の考えでは、こんな状態のまま、あまり長く続けるわけには行くまいと思う」といったような表現で――。

戦争をやめるという考えで、最初にとった具体的な手段は、たしか、内閣総合計画局にたいして、各種の戦争資材の現状を調査するよう命じたことだったと思います。

この調査の結果、これ以上の戦争継続が困難になりつつあるという情況が、ますますハッキリしました。五月に、私は個人的に、情況は極度に逼迫していると感じ、六月上旬には、これ以上の戦争を続けることは絶対に意味がないことだと感じました。

私は、すでに、重臣について若干の説明をしましたが、それについてもう一度くりかえして述べたいと思います。というのは、このよく知られているグループの地位や性格について、あまりにも多くの誤解があったように思われるものですから――。

すでに述べたとおり、重臣団というものは何等の権限も持たなかったし、国策の討議に参加しなかったのです。

国内においてすら一部の人びとに誤解されているため、重臣たちは、ちょっと困難な立場に置かれている次第ですが、あなた方はけっして誤解なさらないようにくどいようですが、ここに繰り返して述べるしだいです。

戦争の終わりにあたって、私をひじょうに悩ましたことは次の点でした。すなわち、八月十四日に終戦の詔書が発布され、十五日に放送されました。

海軍の若い将校たちが何をしでかすかと深刻に心配して、私はあらゆる不慮の事態の発生を未然に防ぐために、できるだけの手段をとりました。

そうして、どうやら事なきを得たと信じています。同じことが陸軍についても言えるでしょう。

しかし、結局のところ、何ら不祥の重大事件が起こらずにおさまったというのも、私どもや陸軍側で打った手のおかげというよりも、むしろ天皇のお力でした。

私の海軍大臣としての長い経歴（注、四年十一ヵ月）を通じ、八月十四日から二十三日までの期間ほど、心痛したことは恐らくありませんでした。

〔編者注〕　八月二十三日というのは、連合国軍の日本本土進駐を前に、混乱をかさねた抗戦部隊の本拠であり、小園安名大佐の指揮する厚木海軍航空基地の事態がようやくおさまり、復員がおおかた片づいた日である。

そして、この期間が、海軍部内に何らの重大事件も発生しないで過ぎ去ったときには、私はそれこそ胸をなでおろして全くホッとしました。

付記　米内光政小伝

実松　譲

幼いころ「光っつぁん」の愛称で呼ばれることとなる米内光政は、明治十三年（一八八〇年）三月二日、岩手県盛岡市下小路で呱々《ここ》の声をあげた。米内家は代々南部家につかえ、武勇の名のある家柄ではあったが、家格はさほど高くなかった。

学齢に達した光っつぁんは土地の尋常小学校にはいる。高等小学校にあがったころから学業は衆にすぐれ、先生も将来を嘱望してぜひ上級の学校にすすむようすすめた。両親も、将来身を立てるためには、学問をしておかなければならないと考え、光政を盛岡中学に入学させる。

中学にはいってからも、とくに勉強するというふうではなかった。が、成績はいつも上位にあって頭のいい生徒として、みんなから敬愛されていた。しかし、そのころから口数はいたって少なく、それでいて快活な一面があり、いっしょにいると、なにかしら心あたたまるというような誠実な人柄であった。だから、クラスの人望も、おのずから米内に集まっていた。

そのころの米内家は、母親の得意とする裁縫で弟子をとったり、賃仕事で暮らしていたので貧乏であった。そこで光政少年は中学を卒業したら就職して、母を安心させたい気持でいた。しかしながら、その反面、かれのおさえがたい向学心は、一生を田舎にうずもれることをいさぎよしとしなかった。

同郷の先輩には、すでに海軍部内で重きをなしている斎藤実《まこと》（のち大将、総理大臣）をはじめ山屋他人（のち大将）や栃内曾次郎（のち大将）などがいたので、盛岡地方の人びとは海軍にたいして一種の親しみを感じていた。こうして光政少年も、ひそかに海軍に希望をよせるようになった。

かれが海軍をこころざした理由はほかにもあった。高等学校から大学にすすむとすれば多額の学資がいる。が、それは米内家の事情がゆるさない。陸海軍の学校だと学費に苦労しないで向学心がみたされる。しかも国家の隆盛をになう〝国家の干城〟になれる、という青年の誇りも満足させることができる。

明治三十一年（一八九八年）七月、光政は海軍兵学校の入学試験をうけた。全国の俊秀ときそって、みごと合格の栄冠をかちえた白皙《はくせき》長身にして端正な十八歳の青年光政は、胸をふくらませながら同年十二月、母親や姉をはじめ親戚知友などに見送られて盛岡駅を出発する。彼が中学生時代に声をはりあげて、山にもひびけと、一声、「前へ、オーイ！」と叫んでいた岩手山は、光政の前途を祝福するかのごとく、その山頂は雲表にそびえていた。

はじめてあじわう長途の汽車の旅、車窓にくりひろげられる冬枯れのさびしい景色、乗客のかわすやわらかい関西弁などは、いずれも珍しいものばかりであった。

こうして、あこがれの江田島（広島県）の土地をしかとふみしめた米内光政は、明治三十一年十二月七日、〝七つ釦《ボタン》に短剣姿〟の海軍兵学校生徒となった。

三年間の江田島生活は米内の特質にいよいよみがきをかけ、海軍士官としての基礎がつくり上げられた。その無口ぶりは相変わらずであったが、学科でも術科でも成績ばかりを気にするほうではなかった。そのうえ兵学校生徒は、〝天下の秀才ぞろい〟であったから、その席次は中学校のように上位ではなく中位だったが、米内はすこしもあせらなかった。

たしかに米内の兵学校における成績は、入学のときには百三十七人中の五十七番であり、卒業のさいは百二十五人中の六十八番という記録がのこっている。

＊

明治三十四年十二月、米内は海軍兵学校を卒業、少尉候補生となって翌年二月から八月まで豪州方面への遠洋航海に出た。遠洋航海ののち軍艦「常磐《ときわ》」乗組みとなり、三十六年に晴れて海軍少尉に任官した。

「常磐」艦長野本綱明大佐は、どういうものか米内をいじめる。おそらく牛のように鈍重であるのが気に入らなかったのかもしれない。それでずいぶん無理な作業を命じたり、あるいは叱ったりした。

艦長にきらわれては、艦内生活はまことに味気ない。だれが見ても、艦長のいうことが無理だから、同級生たちは、「どうして米内をあんなにいじめるのだろうか」と、艦長をうらむやら米内に同情するやら、いつも艦内の話題になっていた。

ところが、当の本人はけろりとしている。慰めのことばを聞くと、

「なに大したことはないよ。艦長がおれを立派な士官にするため、わざときたえているのだろう」

と少しも苦にしない。同級生たちは、

「あいつ、まったく鈍感だよ」

と、同情と憤慨をおりまぜながら、その剛腹さにあきれたというが、米内の真骨頂はまさにこの辺にあったのだろう。

米内が少尉に任官したころは、ちょうど日露戦争の直前だったので、日本海軍は上下こぞって血の出るような猛訓練に精進していた。あくる明治三十七年二月六日、ついに日本とロシアの国交が断絶、八日には仁川沖や旅順口で海戦の火蓋が切っておとされる。

日露戦争中の米内は、はじめ水雷艇に乗り組んでいたが、しばらく第一線で活躍する機会にめぐまれなかった。だが三十八年一月、駆逐艦「電《いなずま》」乗組みとなり、五月二十七日の日本海海戦には勇躍して参加できた。

その後の米内は主として海上勤務をつづけ、三十九年に大尉にすすみ、四十四年に二度目の砲術学校（横須賀）教官となる。そのころ同校教官に、米内より三期下の高野（のち山本と改姓）五十六大尉がいた。この二人は、おなじ部屋にベッドをならべて語りあい、ちり箱を的《まと》にナイフや短剣で手裏剣のまねをして砲術学校の副官に叱られたことがあるほど、相手のすべてを知りつくし、〝肝胆あい照らす〟昵懇な間柄になった。

後日談になるが、それから約二十六年後の昭和十二年二月、米内の海相実現をもっとも強力に推進したのは、ほかならぬ当時の海軍次官山本五十六中将その人であった。まことに奇縁というべきか。

＊

大正元年（一九一二年）、米内は少佐に進級する。

海軍大学校に入るのは大尉から少佐までである。かれの同期生にも大尉で大学にはいった者が幾人かいた。しかし米内には、そうした考えはまるでなかったようだ。あたえられた任務を一生懸命にやるだけである。米内を知る同期生たちは、あれだけの人物を大学校に入れないで埋もれさせてはもったいない、と手をかえ品をかえてしきりにすすめる。

「そうみなが心配してくれるなら……」

と試験を受けてみる気になると、それからもりもり勉強した。もともと頭はわるくなかったので、かなりよい成績でパスした。

大正三年に海軍大学校を卒業、あくる年、米内はロシア駐在大使館付武官補佐官となる。その年の八月、第一次世界大戦がはじまった。かれは大正六年四月に帰国したが、その三月にはロシアに共産革命がおこり、ロマノフ王朝がたおされる。はからずも米内は、こうした帝政ロシアの崩壊する状況を、まのあたり見聞できたわけだ。独裁専制政治の弊害などが、異国にある海軍士官の胸に、はたしてどう印象づけられたのであろうか。

後年、その事情は異なるにしても、政治の実権をにぎる一部のものの専断が、国家の隆替にかかわる重大事をひきおこすことを予見して、敢然としてたたかった米内光政の信念はロシア革命をしたしく見聞した体験につちかわれたものではあるまいか。

大正七年に浦塩《ウラジオ》派遣軍司令部付となり、約一年シベリアに勤務する。あくる年に欧州出張を命ぜられ、戦後の欧州の実情、とくにソ連の革命進行状況を調査することとなった。

米内ははじめポーランドにいたが、ソ連にあまり近すぎる。ソ連にかんする情報にもデマが多く、かえって大局を判断できないようなことがあった。そこでベルリンにひきさがって遠くから観察することにした。渦の中にいては、渦の大きさをはかり知ることができない。全体を正しく見るためには、すこし離れて見た方がよろしい。ソ連だけでなくドイツそのものについても、おのずから研究できた。これはなかなかの卓見であった。

この二年間の欧州駐在は、米内にとって大きな収穫となったにちがいない。それは主としてドイツ人にたいする認識である。のちに日独伊三国同盟の締結問題がおこったとき、頑《がん》として日本陸軍の向独一辺倒をおさえてゆずらなかった根拠は、このベルリン滞在中にやしなわれたものではなかろうか。

大正十一年の暮、米内は欧州出張から帰国する。そのとき母堂から、

「外国駐在中のお手当は多いと聞くが、少しくらいは残っているか」

と、たずねられた。

「お上の命令で外国に駐在しているのですから、その職務を遂行するために多額のお手当をいただいているのです。だから、いただいたものは、お役に立つようにつかいましたので、その残りは出ませんでした」

と答えた。母親はその心がけをほめて、

「残してくれなかったことが、私にたいする、なによりのおみやげです」

と喜んだという。

この母にしてこの子あり、というべきか。

それから三年間の海上勤務がはじまる。米内は巡洋艦「春日」「磐手」、ついで戦艦「扶桑」「陸奥」の各艦長を経て、大正十四年十二月に海軍少将となる。

第二艦隊参謀長と軍令部第三班長（情報部長）をそれぞれ一年つとめた昭和三年末、米内は第一遣外艦隊司令官に補せられ、それからの二年間、揚子江を中心とする華中警備の任にあたった。

そのころの中国は、蔣介石の国民革命軍による北伐が成功した直後であった。ちょうど大地震の余震のように、中国各地には反蔣運動がおこり、また排日運動もひじょうに活発に行なわれていた。

米内は、こうした華中警備のあいだに、蔣介石と会見するなど中国にたいする研究を怠らなかった。後年、彼が海軍大臣になってからの蔣介石や中国にたいする観察、ひいては日本海軍の対中国態度などを見れば、この期間における中国勤務の意義は大きいようだ。

*

昭和五年十二月、米内は中将にすすみ鎮海要港部司令官に補せられた。ここで海軍生活中でもっとも平穏な二年をすごす。

鎮海は韓国南岸の一角にある。要港部になってからの鎮海は、艦隊や鎮守府などと異なり、あまり重要視されておらず、司令官も現役を退く前に休養の意味でまわされた者がすくなくなかった。だから米内自身としても、鎮海にやられたことを、クビになる前提と考えたことはむりもない。

官舎で独身生活をしていた米内は、司令部に出勤するほかは読書と散歩に、たまには書道の練習に時をすごした。休日などには湾内で釣糸をたれることもあった。

釣が上手であったわけではないが、米内の針にも三年ものとか時には五年ものという大きいのがかかることがあった。しかし、米内にとって鎮海における最大の収穫は、読書の時間にめぐまれたことである。かれの読書は漢籍の経書史書からロシアの文学ものにいたるというように広範にわたった。日本のものにもよく目を通し、当時の軍人の思想とは縁のうすいと思われた憲法や社会科学にかんするものなども読んでいた。

読書とともに、いつも日本海軍のあり方について考えることをわすれなかった。米内が大成した素地の一部は、鎮海における読書と思索にまつところが多いといえよう。

「おれも遠からず離現役となるだろう、その覚悟はできている」

と親友にみずから口外したことからみて、米内はこのことばの額面どおり、現役を退くことを覚悟していたにちがいない。だが海軍の首脳部には目の見える者がいた。「米内こそ信頼にこたえることのできる、唯一とはいわなくても、きわめて少数の一人ではなかろうか」という知己もいた。それとは反対に、米内を高く評価しない空気もあった。ともあれ、玉はいつまでも石と一緒に埋もれてはいない。〝危ない〟といわれた米内は昭和七年十二月、第三艦隊司令長官となった。

第三艦隊司令長官時代の米内は、砲艦「二見」の座礁にまつわることのほか、これという大きな足跡はのこしていない。

時は昭和八年六月十四日、揚子江の増水期に、米内は将旗を砲艦「保津」にひるがえし、「二見」をひきいて四川省の重慶まで遡航《そこう》することとなる。

揚子江口からさかのぼること約千八百キロの宜昌の上流には、古来、舟行の難をもって聞こえる名だたる三峡《さんきょう》の険がある。中国奥地の雪がとける増水期には、この難所の流速は十ノット（時速約十九キロ）以上に達し、その遡航には豊富な経験と絶妙な技倆を必要とする。

不運にも「二見」は万県《バンケン》（重慶の下流約四百キロ）下流の〝亀の子岩〟に乗り上げ、その離礁に一ヵ月ほどを要した。

艦の操縦には、老練な中国人パイロットと舵取があたっていた。こうした難所では、艦の安全について責任のある艦長や長官といえども、いかんともする術《すべ》もない。「二見」の遭難は、いわば〝不可抗力〟ともいえる。しかし米内の責任感は、これを不問にふすることを許さなかった。

六月二十五日、米内は先任参謀・保科善四郎中佐を呼び、みずから便箋紙に書いた海軍大臣あて「進退伺い」電報の発信を命じた。「増水期ニ際シ二見ヲモ率ヰ揚子江ヲ遡航セルハ適当ナラザリシト認ム。二見ノ坐礁ハ本職ノ責任ニ帰ス。謹ミテ命ヲ待ツ」

電文を読んだ保科は、この事件について一切の責任をとろうとする米内の心情に感激した――さすがは米内さんだ！　だが保科は、その発電をためらった。

艦隊の将兵がこぞって敬慕し、また中国要人からも非常に信頼されている米内が、いま長官を辞めることは国家にとって大きな損失である。

「今回の遡航は各艦長の責任で行なわれましたので、長官が責任をおとりになる必要はないと思います。この電報は私がおあずかりいたします」

保科はこういって、その電報を打たなかった。上官から発信を命ぜられた電報を部下が握りつぶした例はあまりないだろう。

もし保科が米内の意思に反して電報を握りつぶさず、また時の海相大角岑生《みねお》が米内の意にそうごとく措置していたら、米内は政治の舞台に立つことなく平凡な海軍士官として一生をおわり、ひいては、彼が国家のために身命をなげうち精魂をかたむけた二つの重大な問題——日独伊三国同盟と終戦——は、実際とは違ったものになっていたかもしれない。

こう見るとき、保科が米内の進退伺い電を握りつぶしたことは、米内みずからの運命と、さらには日本歴史に至大の影響をもたらした、といえるのではなかろうか。

＊

昭和十一年十二月一日、横須賀鎮守府司令長官から連合艦隊司令長官になった米内光政は、少年のように胸をふくらませ、いよいよ明日から大海軍の精鋭をひきいて海の守りにつこうとしていた明くる年の一月末、海軍大臣永野修身からよばれた。どうやら海相就任のことらしい。待ちかまえていた新聞記者たちが迎えると、

「連合艦隊司令長官をやめて一軍属になるのは、まったく有難くない……」

と、米内はすこぶる面白くない顔つきであいさつした。大臣は文官だから、いわば軍属である。太平洋の波濤をけって壮烈な訓練をゆめみていた米内にとっては、大臣

などはものかずではなかったろう。いや俗吏のようにさえ考えられたかもしれない。

永野が政情を説明して海相就任をもとめたとき、米内はためらった。それを次官山本五十六が言葉をつくして就任を懇請する。かれは米内のために粉骨砕身、次官として補佐するとちかった。

「それほどまでに、いわれるなら……」

と、米内はやっと決心がついた。こうして十二年二月二日、海相に就任する。

後日、かれは軍務局長井上成美に対して、

「御国のためといわれたので、とうとう引き受けたよ」

と述懐している。

米内が海相に就任した林銑十郎内閣は在任わずか四ヵ月、この間、米内は「沈黙の大臣」としてすごした。しかし、その沈黙は海軍部内にとうとい重鎮となっていた。それまでは〝派手〟な存在だった加藤寛治や末次信正の両大将も、昔日の光をうしない、この二人につながる人びとも鳴りをひそめた。

林内閣が退陣して近衛文麿内閣が登場する。ときに四十五歳の青年貴族・近衛は、軍部をはじめ政党にも官僚にもよかった。広田弘毅、林銑十郎の両内閣は陸軍の思いのままになったが、近衛ならば、陸軍をいくらかおさえることができはしないか、とはかない希望がもたれたからである。

ところが陸軍は陸軍で、近衛を表面に立て、これをうまく利用することによって目的を達成する魂胆だったし、また近衛は宰相の印綬を帯びるほどの人物ではなかった。

それはともかく、米内は近衛内閣に海相として留任する。

ところが、この内閣の組閣一ヵ月後の七月七日、盧溝橋事件が突発する。米内は、あくまで事件の不拡大、すみやかな局地解決の必要を強調した。

さらに一ヵ月後の八月九日、戦火は上海にも飛火する。米内は現地からの陸兵派遣の要求にたいし、「ひとたび華中に陸軍を派遣したならば、もはや局地解決の望みはなくなり、事変は底しれぬ泥沼におちいることとなる」ので、海軍の責任者として非常に心痛していた。

だが事態は、米内が心配していたように、上海に陸兵を派遣してから戦火はいよいよ華中にひろがり、日本の「自衛権発動」にまで発展し、しかも戦場はますます拡大し、事変は深い泥沼にひきこまれていった。

思えば、盧溝橋事件は、近衛内閣の一大難関というだけでなく、結局は全面的な日華事変にまでひろがり、ついに未解決のまま太平洋戦争につながり、わが国を敗退にみちびいた事件であった。

もともと日華事変と太平洋戦争とは不可分であり、日華事変は太平洋戦争の前奏曲ともいうべきものである。だが、米内の手記にもあるように、やがて日本を亡国にみちびくべき日華事変の序幕は、ほとんど一回の真面目な検討もされないで、運命の手にもてあそばれるかのように拡大していった。

こうして太平洋戦争までの四年半だけの間に、十九万人が戦死し、五十二万人が傷つき、四十三万人が病むという大きな犠牲をはらった。それは東条英機陸相をして、中国よりの全面撤兵はこれら犠牲者にたいして申し訳が立たず、自分は靖国神社のほうに向かって寝られないと叫ばせ、近衛首相の日米国交調整の最後の努力を妨げる主因となる。

＊

太平洋戦争の前奏曲といわれるものは、日華事変のほかにもう一つあった。それは日華事変と関連があり、日本とドイツとイタリアの間の同盟、すなわち日独伊三国同盟と呼ばれるものである。

この同盟の発端はどこにあったのか？　それを知るためには、米内が海相に就任する二ヵ月ほど前の昭和十一年（一九三六年）十一月二十五日、日本とドイツの間で締結された「防共協定」――正式には「共産インターナショナルに対する協定」――にまでさかのぼらねばならない。

そのころ、日本は昭和六年の満州事変、ついで八年三月には国際連盟から脱退し、さらにワシントン海軍条約を廃棄（昭和九年）、ロンドン軍縮会議を脱退（昭和十一年）するなど、わが国の国際的孤立化は、いよいよ深まりゆくばかりであった。

こうした情勢のとき、昭和十年七月から八月にかけて行なわれた第七回コミンテルン（第三インターナショナル）大会は、日本などを排撃する決議を採択し、全世界の共産党にたいして六項目の方針を指令した。

この決議が日本の政府と軍部にあたえた影響は大きかった。とくに陸軍にとって、いっそう重要な関心事は赤軍の動向であった。いうまでもなく、コミンテルンとソ連は表裏一体の関係にあったからだ。

こうして、一九三五年（昭和十年）の、「ロシアにたいする、ある種の防御同盟というようなものを、日本とドイツの間で結ぶ可能性はないだろうか」というリッベントロップ（ナチス党外交部長、のちドイツ外相）の提案は、十一年十一月二十五日に「日独防共協定」として結実する。

ところで、この協定を締結するにあたって、日本の外務省は、コミンテルンとソ連政府は表面上の関係は別としても実質的には分離できない理由から、また海軍としては、このうえ対ソ軍備まで拡充する負担の増加は、日本の財政と海軍軍備の計画遂行上からみて困難であるという理由から、どちらもこれを希望しなかった。なお、ドイツとの接近は、ややともすれば英米との思想的対立にまきこまれるおそれがあるばかりか、英米およびその勢力圏との貿易などの経済関係が悪化することは、日本として重大問題であるという見地から、外務省と海軍はともに終始気乗りうすの態度であった。

しかし、まだ世界恐慌による経済的困難は解決されておらず、思想的な動揺も各国に共通した悩みとして赤化防止の急務が痛感されている時期だった。だから防共協定に正面から反対する名目もたたなかった。

こうした枢軸側に傾斜した防共協定は、やがて軍事同盟へと進展するのである。それというのも、もともと防共協定なるものは、軍事同盟という終局の目標に到達するための〝足場〟みたようなものであった。この協定ができてから軍事同盟が成立するまでの約五年間、わが国の政治は、防共協定をいっそう強化して軍事同盟に切りかえる問題を中心として、空前にして絶後といえるほど、よくも大きくよろめくのであった。すなわち、軍事同盟の話は第一次近衛（文麿）内閣のときにはじまり、第二次近衛内閣にいたって成立する。その間、平沼（騏一郎）、阿部（信行）、米内の各内閣は、軍事同盟の締結を強行し、ドイツとともに世界秩序を変革しようとする向独一辺倒の陸軍など枢軸派の圧力に、たえずふりまわされる。

＊

第一次近衛内閣の昭和十三年八月五日、笠原幸雄陸軍少将がいわゆるドイツ案——大島浩駐独陸軍武官（実質的には日本陸軍）とリッベントロップ独外相の合作——をたずさえて帰国した。

この案は、要するに対ソ中心の防共協定の強化から大きく飛躍し、世界のいずれの国をも対象とする軍事同盟の提案であった。これでは、近衛首相といえども、まだそこまでふみきるつもりはない。問題をひじょうに困難にしてしまった。

この交渉は浮きつ沈みつ、まだ序論にはいらない九月三十日、宇垣一成外相は突如として辞表を提出し、近衛首相が外相を兼任することとなる。

近衛が外相をかねるや、ただちに東郷茂徳駐独大使を駐ソ大使に転勤させ、東郷の後任に大島武官を起用した。いうまでもなく、近衛は陸軍の圧力に屈したのだ。

大島が大使になって間もない十一月はじめ、リッベントロップは正式にドイツ側の条約試案を提示する。この試案のポイントは、つぎの第三条にある。

「締約国の一国が一もしくは多数の第三国より挑発によらざる攻撃の対象となりたる場合は、他の締約国はこれに救援と援助を与うるの義務を有するものとす。締約国は右義務をいかに実行すべきかを、ただちに共同にて決定すべし」

この第三条にいう「第三国」についての解釈をめぐって、陸軍が三国協定を強化する問題をこじらせているとき、政府は各方面にゆきづまりが深くなり、近衛はそろそろ身を引く準備をはじめる。五相会議のときでも首相はいつも聞き役にまわり、率先して会議をリードしない。あるときは陸軍に同調するかのごとく、あるときは米内海相らの説を支持するかのごとく、はっきり自説をのべない。

昭和十四年一月四日、近衛内閣は総辞職、あくる日に平沼騏一郎を首班とする内閣が成立する。平沼内閣は近衛内閣の延長みたようなものであり、三国同盟についてあい反した考えをもつ板垣（征四郎）陸相と、米内海相と有田（八郎）外相が留任する。

平沼内閣の組閣完了とともに、ドイツは正式に三国同盟案を提案してきた。それから同内閣が退陣するまでの七ヵ月余、米内海相は有田外相とともに、この同盟を実質的に防共協定の線でくいとめるべく必死の努力をつづけるのであった。

そのころ、陸軍の実権をにぎっていた中堅層はむろんのこと、かれらに牛耳られた首脳部も、ドイツの巧妙な宣伝もあって圧倒的に親独感情が強く、是が非でも同盟締結という〝初一念〟を貫徹しようとする。その一方、英米なにするものぞ、といった無謀な風潮も抬頭していた。

こうした同盟賛成論者たちのファッショ攻勢のまえに、敢然としてスクラムを組み大手をふって立ちはだかったのは、米内海相を中核とする次官山本十六と軍務局長井上成美のトリオ提督であった。これら同憂の士は、おなじ信念に徹していた。その信念とは、

「——わが国はドイツのために火中の栗を拾うべきではなく、英米を束にして向こうにまわしてはならぬ。つまり憂国の至情と広い視野にたつ客観的な国際情勢判断によって、太平洋戦争にまで必然的に発展するおそれのある軍事同盟を締結すべきではない」

というのであった。かれらは、いかに脅迫されても、いかに生命の危険を感じようとも、けっして枢軸派の激流におしながされなかった。その涯分をつくすべく身命を賭してたちあがった雄姿は、まさしく「中流の砥柱《しちゆう》」をおもわせるものがあった。

この砥柱について『広辞苑』はいう。

「中国の中南区河南省陝《せん》州の東、四十清里、黄河の中にある石で、平らなこと砥に似て、激流の中に屹立《きつりつ》して動かない。乱世に処し毅然として節義を守るにたとえる」

三国同盟の締結問題は、平沼内閣の五相会議において論議を重ねること約七十回、こじれにこじれて厚い壁にぶつかったまま、いっこうに進展しそうにない。こうした険悪な雲行きのおりから、突如として八月二十三日に発表されたのが独ソ不可侵条約――。

平沼内閣もこれを潮時と、「複雑怪奇」の声明をのこして退陣する。こうして、さしも緊張した政局も、一時これがため緩和した。

*

米内光政は内閣の挂冠とともに海相を辞して軍事参議官となり、山本五十六次官は連合艦隊司令長官に転出していった。米内は、海軍大臣の後任には、連合艦隊司令長官吉田善吾中将を推した。吉田は山本と同期、米内や山本らと同憂の士であり、むろん三国同盟には反対である。

平沼内閣にかわって阿部信行内閣が登場する。新内閣の外交路線は、天皇からの異例のお言葉により、従来の親枢軸への傾斜が排撃され、むしろ英米との友好関係の改善が強調される。こうした阿部内閣をさして、強硬派の一部は〝当て馬内閣〟と批判した。

またもや陸軍から退陣を要求された当て馬内閣は、在任わずか四ヵ月半にして昭和十五年一月十四日、予定表どおり倒壊する。

そのころ、こうした陸軍の横暴にたいし敢然と立ち向かったのは、内大臣湯浅倉平だけだったと言っても過言ではない。彼は内外の激動と、つぎつぎに内閣が時流に押し流されるのを見て、ひとり心を痛めていた。満州事変後の陸軍中心のファッショ政治を、なんとかして正常の軌道にもどさねばならない。

その結論として、米内光政を首班とする内閣を考えた。

「卿に後継内閣の組閣を命ず」という、お言葉をいただいた瞬間、米内は万難を排して全力をつくし、愚鈍にむちうたなければならぬと決意した。

一生を海軍軍人として御奉公したいという素願《そがん》の米内が、はじめて海軍大臣となるとき、時の海相永野修身から、「御国のため」といわれて断わりきれなかったと同じように、こんどは、まのあたり天皇の顔を拝し、陛下のお言葉を耳にして、拝辞できないことを直感したのであった。

しかし、米内内閣の足跡が示すように、一木をもって大廈の傾くのを支えうるものではない。この内閣の行く手は、暗雲にとざされ多難がみちていた。

米内内閣は在職半年、終始、陸軍ファッショの倒閣運動の矢面に立たされ、ついにそのボイコットに支えることができないで倒れた。それは、阿部内閣の退陣のさい陸軍の内閣を期待していたことが裏切られたため、陸軍を感情的にしたことも争えない。だが、そのことは主な理由ではない。欧州におけるドイツの一時的な成功に幻惑され、いわゆる東亜新秩序を一気に実現しようとするファッショ的風潮が一時に堰を切って流れ出したと見るべきであろう。

ともあれ、陸軍などから猛烈な攻撃をうけながら、終始、中道を見失わないですすみ、滔流《とうりゅう》を隻手をもってせきとめていた米内内閣が退陣（昭和十五年七月十六日）するや、たちまち三国同盟が成立し（九月二十七日）、太平洋戦争に突入する足場をつくるのである。

この同盟が締結されたとき、米内は閑地にいたが、その報道を聞いて、「われわれの三国同盟反対は、ちょうどナイヤガラ瀑布の一、二町上手で流れにさからって舟を漕いでいるようなもので、無駄な努力であった」と嘆息した。畏友の緒方竹虎が、

「米内・山本の海軍がつづいていたなら、徹頭徹尾反対したか」と質問したのに対し、「むろん反対しました」と米内は答え、しばらくしてから、「でも殺されたでしょうね」と、いかにも感慨にたえないふうだったという。

＊

時はながれ昭和十六年十月十八日、近衛内閣にかわって東条英機内閣が登場する。「日米開戦」の時流がいよいよ勢いづいて流れていた十一月二十九日の重臣会議で、日米戦うべきか否かが諮《はか》られた。あくる三十日、米内は盟友荒城二郎にあてた書簡をしたためている。

「(前略) 日米交渉は全く暗礁に乗上げたり。好むと好まざるとに関せず、日本の行く道は只一つとなれるものと思はる。事茲《ここ》に至れるは全く人為的結果と思ふ。然し此際死んだ児の年を数えるやうなことは禁物だ。沈黙コレまた職域奉公の一ならん。……モノゴトは為《な》るようにしかならんな」

こうならないように、「ナイヤガラ瀑布の真上で舟を漕いでいた」米内としては、まことに感無量であったろう。

十二月八日、ついに破局をみる。

緒戦期に見られたような有利な戦勢は長くつづかなかった。はやくも開戦後五ヵ月、昭和十七年五月のサンゴ海海戦の蹉跌によって、わが進攻作戦はおわる。あくる六月、太平洋戦争の「転向点」といわれるミッドウェー海戦で惨敗し、その後の戦局は、日ごとに非となる。

十九年七月十八日、さすがの東条内閣もサイパン島の失陥を公表するとともに総辞職、二十二日に小磯（国昭）・米内内閣が成立し、米内は現役に復帰して海相に就任する。だが、もはや狂瀾に既倒をめぐらしうる戦勢ではなかった。それでも、米内は彼なりに渾身の力をふるって戦局に立ち向かった。在任すること八ヵ月余、戦局のくずれとともに挂冠した。

ついで鈴木貫太郎海軍大将に組閣の大命が降下する。米内は留任を要望される。しかし、そのころ健康に不安を感じていた米内は、途中でたおれることがあっては申し訳なく、また小磯内閣の退陣については、副総理として政治的責任をとらねばならない、と考えていたので、これを辞退した。だが、「君があくまで承知しないなら、自分は組閣の大命を拝辞する」とまでいう鈴木の懇請を、米内は断わることができず、鈴木終戦内閣に海軍大臣として留任した。

いまや、望みなき戦争に終止符をうち、戦争の継続による塗炭の苦しみから国民を救う宿願の達成に邁進する。米内は外相東郷茂徳とともに、鈴木首相をたすけて終戦に献身した。

＊

ついに、運命の日――昭和二十年八月十五日――がめぐってきた。

米内は、東京霞ヶ関の焼け残った建物にかこまれた海軍省の中庭で、陛下の『終戦の詔書』のラジオ放送を大勢の部下といっしょに謹聴した。「堪ヘ難キヲ堪ヘ、忍ビ難キヲ忍ビ、以テ万世ノ為ニ太平ヲ開カムト欲ス……という放送が終わると、米内は、いまわしい妄想でもはらいのけるかのように、二、三回首をふってから、低いちぎれ雲の飛ぶ空を見あげた。

湿度の高いその日の陽ざしは、ひときわはげしく、憔悴した米内の横顔には深い疲労がありありと見えた。だが、かれの心の奥底には、宿願の終戦がついに実現したことに対する一種の安堵感がひめられていたであろう。

放送がおわってからも頭をあげないものもいたし、ひきつらせた頬を蒼白にした人もあった。思いだしたように歩き出した米内は、かえって、ほかのものよりも、軽やかな足どりで悠然と大臣室にもどっていった。

思えば長い戦争であった。太平洋戦争だけでも三年九ヵ月、日華事変から数えれば、八年二ヵ月にもなる。その間、米内は林、近衛、平沼、小磯および鈴木の五内閣の海軍大臣をつとめ、また、宰相の印綬をおびたこともあった。

大臣室の椅子にどっかと腰をおろし、しずかに両眼をとじた米内の胸中には、通算して四年にちかい〝霞ヶ関の主人公〟時代のことなどが、まざまざと走馬灯のように去来する。

終戦の大任を無事はたした米内光政は、東久邇宮内閣にも海相として留任する。武装を解除される海軍、やがて海軍の名も消え一兵もいなくなる海軍、勝海舟によって創建された「大日本帝国海軍」は、数多くの輝かしい記録を日本の歴史にのこして消えてゆこうとしている。先人がとうとい血と汗できずきあげた光輝ある日本海軍の〝葬儀委員長〟となり、万斛の血涙を胸にひめて、静かにその最後を見送る決意をしたのであった。

「日本海軍葬儀委員長」という最後のご奉公をぶじはたした米内は、わが海軍がなくなった直後の昭和二十年十二月五日から約十日間の予定で、伊勢神宮、橿原神宮、熱田神宮、伏見桃山御陵などに参拝し、終戦の処理を報告するとともに、懸念していた自らの健康状態ではあったが、無事、大任をまっとうできた神明の加護を感謝した。

そのころの米内は、空襲のために家財のほとんどを失っていたので、モーニングなどあろうはずがない。ようやく、粗末なものを新調して正式参拝することができた。参拝を終えて帰京した後に血圧をはかったところ、二百六十もあったものが百九十にさがっていた。

しかしそれは、天啓の大使命をはたし終わった一時的現象であって、真の健康はすでに失われており、無理に無理をかさねた結果は、ついにいやすことができなかった。

その後は、とかく健康がすぐれず、神経痛がでて、ひきつづき中耳炎とか高血圧、それに帯状疱のためにくるしんだ。この帯状疱という劇痛をともなう奇病が米内の寿命をはやめた。

昭和二十三年二月十八日、米内は小泉信三にあてた端書にこうしたためている。

拝啓　愈々御健勝の段奉賀候　陳者此度は貴著初学経済原論御恵贈被成下難有奉存候　更生の楽と冥途への土産の意味にて精々勉強仕度　先は御礼まで

終戦に精魂を使いたした米内は、このときすでに死期の近いことを予感していたのであろう。

それから二ヵ月後の四月二十日、米内光政は東京目黒富士見台の自邸で最後の息をひきとり、六十八歳の生涯をとじた。

単行本　一九七八年十一月　光人社
装　幀　伏見さつき
DTP　佐藤敦子

産経NF文庫

海軍大将米内光政覚書

二〇二二年八月二十日　第一刷発行

写稿　高木惣吉
編者　実松　譲
発行者　皆川豪志

発行・発売　株式会社　潮書房光人新社
〒100-8077　東京都千代田区大手町一-七-二
電話／〇三-六二八一-九八九一(代)
印刷・製本　凸版印刷株式会社
定価はカバーに表示してあります
乱丁・落丁のものはお取りかえ致します。本文は中性紙を使用

ISBN978-4-7698-7050-0　C0195
http://www.kojinsha.co.jp

産経NF文庫の既刊本

台湾に水の奇跡を呼んだ男 鳥居信平 平野久美子

大正時代、台湾の荒地に立ち、緑の農地に変えることを誓って艱難辛苦の工事をやり通した鳥居信平——彼の偉業は一〇〇年の時を超えて日台をつなぐ絆となった。「実に頭の下がる思いがします」と元台湾総統の李登輝氏も賛辞を贈った日本人水利技術者の半生を描く。

定価891円(税込) ISBN978-4-7698-7021-0

全体主義と闘った男 河合栄治郎 湯浅 博

自由の気概をもって生き、右にも左にも怯まなかった日本人がいた! 河合は戦前、マルクス主義の痛烈な批判者であり、軍部が台頭すると、ファシズムを果敢に批判。河合人脈は戦後、論壇を牛耳る進歩的文化人と対峙する。安倍首相がSNSで紹介、購入した一冊!。

定価946円(税込) ISBN978-4-7698-7010-4

産経NF文庫の既刊本

台湾を築いた明治の日本人　渡辺利夫

なぜ日本人は台湾に心惹かれるのか。「蓬莱米」を開発した磯永吉、東洋一のダムを築いた八田與一、統治を進めた児玉源太郎、後藤新平……。国家のため、台湾住民のため、己の仕事を貫いたサムライたち。アジアに造詣の深い開発経済学者が放つ明治のリーダーたちの群像劇！

定価902円（税込）　ISBN 978-4-7698-7041-8

「賊軍」列伝 明治を支えた男たち　星 亮一

一夜にして「逆賊」となった幕府方の人々。戊辰戦争と薩長政府の理不尽な仕打ちに辛酸をなめながら、なお志を失わず新国家建設に身命を賭した男たち。盛岡の原敬、水沢の後藤新平、幕臣の渋沢栄一、会津の山川健次郎……。各界で足跡を残した誇り高き敗者たちの生涯。

定価869円（税込）　ISBN 978-4-7698-7043-2

産経NF文庫の既刊本

誰も語らなかったニッポンの防衛産業

桜林美佐

防衛産業とはいったいどんな世界なのか。どんな企業がどんなものをつくっているのか、どんな人々が働いているのか……あまり知られることのない、日本の防衛産業の実情について分かりやすく解説。大手企業から町工場までを訪ね、防衛産業の最前線をリポート。

定価924円(税込)　ISBN978-4-7698-7035-7

日本に自衛隊がいてよかった

自衛隊の東日本大震災

桜林美佐

誰かのために―平成23年3月11日、日本を襲った未曾有の大震災。被災地に入った著者が見たものは、甚大な被害の模様とすべてをなげうって救助活動にあたる自衛隊員の姿だった。自分たちでなんでもこなす頼もしい集団の闘いの記録、みんな泣いた自衛隊ノンフィクション。

定価836円(税込)　ISBN 978-4-7698-7009-8

産経NF文庫の既刊本

本音の自衛隊

桜林美佐

自衛隊は与えられた条件下で、最大限の成果を追求する。たとえ自らの骨を削り、肉を裂くことになっても、血を流しながら、身を粉にして、彼らは任務を遂行しようとするだろう。（「序に代えて」より）訓練、災害派遣、国際協力……任務遂行に日々努力する自衛官たちの心意気。

定価891円（税込）　ISBN 978-4-7698-7045-6

プーチンとロシア人【緊急重版】

木村　汎

最悪のウクライナ侵攻——ロシア研究の第一人者が遺したプーチン論の決定版！　ロシア人の国境観、領土観、戦争観は日本人と全く異なる。彼らには「固有の領土」という概念はない。二四年間ロシアのトップに君臨する男は、どんなトリックで自国を実力以上に見せているか！

定価990円（税込）　ISBN 978-4-7698-7028-9